Historia de Vietnam

Una Guía Fascinante de la Historia Vietnamita

© Copyright 2021

Todos los derechos reservados. Ninguna parte de este libro puede ser reproducida de ninguna forma sin el permiso escrito del autor. Los revisores pueden citar breves pasajes en las reseñas.

Descargo de responsabilidad: Ninguna parte de esta publicación puede ser reproducida o transmitida de ninguna forma o por ningún medio, mecánico o electrónico, incluyendo fotocopias o grabaciones, o por ningún sistema de almacenamiento y recuperación de información, o transmitida por correo electrónico sin permiso escrito del editor.

Si bien se ha hecho todo lo posible por verificar la información proporcionada en esta publicación, ni el autor ni el editor asumen responsabilidad alguna por los errores, omisiones o interpretaciones contrarias al tema aquí tratado.

Este libro es solo para fines de entretenimiento. Las opiniones expresadas son únicamente las del autor y no deben tomarse como instrucciones u órdenes de expertos. El lector es responsable de sus propias acciones.

La adhesión a todas las leyes y regulaciones aplicables, incluyendo las leyes internacionales, federales, estatales y locales que rigen la concesión de licencias profesionales, las prácticas comerciales, la publicidad y todos los demás aspectos de la realización de negocios en los EE. UU., Canadá, Reino Unido o cualquier otra jurisdicción es responsabilidad exclusiva del comprador o del lector.

Ni el autor ni el editor asumen responsabilidad alguna en nombre del comprador o lector de estos materiales. Cualquier desaire percibido de cualquier individuo u organización es puramente involuntario.

Tabla de Contenidos

INTRODUCCIÓN 1
CAPÍTULO 1 - CONCEPTOS BÁSICOS 6
CAPÍTULO 2 - ANTIGUO VIETNAM 12
CAPÍTULO 3 - CUATRO SIGLOS Y MEDIO DE INDEPENDENCIA 29
CAPÍTULO 4 - LA DINASTÍA LY 42
CAPÍTULO 5 - LA DINASTÍA TRAN 49
CAPÍTULO 6 - LA DINASTÍA LE POSTERIOR 65
CAPÍTULO 7 – LLEGAN LOS EUROPEOS 78
CAPÍTULO 8 – NUEVOS PODERES NUEVAS DIVISIONES 83
CAPÍTULO 9 – LOS FRANCESES 90
CAPÍTULO 10 - EL GOBIERNO FRANCÉS 100
CAPÍTULO 11 - VIETNAM EN CRISIS 104
CAPÍTULO 12 - HO CHI MINH Y LA GUERRA DE INDOCHINA FRANCESA 111
CAPÍTULO 13 - LA GUERRA DE VIETNAM 132
CONCLUSIÓN 140
VEA MÁS LIBROS ESCRITOS POR CAPTIVATING HISTORY 142
BIBLIOGRAFÍA 143

Introducción

Antes de nuestra era, el área de lo que ahora se conoce como Vietnam y alrededores estaba poblada por una amplia variedad de pueblos provenientes de diferentes grupos étnicos. No fue sino hasta alrededor del siglo XI que se utilizó la palabra "Viet" para describir la tierra ocupada por el pueblo vietnamita, primero conocida como "Lac" o "Lac Viet".

Hoy, todavía hay en Vietnam, varios grupos étnicos diferentes. Aunque la mayoría de la gente en Vietnam habla la misma forma de idioma viético, aproximadamente el 10 por ciento de la población (casi diez millones de personas) habla un dialecto chino, jemer y varios idiomas nativos de las remotas tierras altas del país. Para muchos en las clases educadas, el francés fue un segundo idioma durante muchos años, aunque ha sido reemplazado por un mayor número de gente que habla inglés como segundo idioma.

Aunque todas las personas que son ciudadanos de Vietnam son vietnamitas, eso no significa que todas sean étnicamente iguales. El grupo étnico mayoritario es el Kinh, que comprende un poco menos del 90 por ciento de la población. La mayoría de los kinh habitan el delta del río Rojo en el norte, la zona del delta costero central, el delta del Mekong en el sur y la mayoría de las ciudades principales.

En Vietnam hay un total de cincuenta y cuatro grupos étnicos reconocidos. Los grupos étnicos no vietnamitas más grandes son Tay, Thai, Muong, Hoa, Khmer y Nung. Cada uno de estos grupos cuenta con alrededor de un millón de personas y están ubicados en varios lugares del país, principalmente en las zonas fronterizas occidentales con Camboya y Laos y en las tierras altas de las montañas tanto en el norte como en el sur de Vietnam. Otros grupos van desde cientos de miles de personas hasta solo unos pocos cientos. Para simplificar un poco las cosas, en este libro se hará referencia a todo el pueblo de Vietnam como "vietnamita" a menos que sea imperativo especificar un grupo étnico para comprender mejor la historia.

El vietnamita moderno se escribe con letras latinas ("A, B, C, D", etc.), pero con una variedad de diacríticos únicos para ajustar el alfabeto al vietnamita hablado. Por ejemplo, el reino vietnamita de principios del siglo XI se llamaba "Đại Việt". Puede ver las marcas diacríticas en la "D", la "a" y la "e". Para facilitar la escritura, este libro deja estas marcas diacríticas en su mayor parte (hablando de lectura y escritura, Vietnam tiene una de las tasas de alfabetización más altas de Asia: alrededor del 95 por ciento de la población puede leer y escribir).

El idioma vietnamita y sus ramificaciones son ramas de lo que los lingüistas llaman la familia lingüística austro asiática y descienden del grupo lingüístico Mon-Jemer.

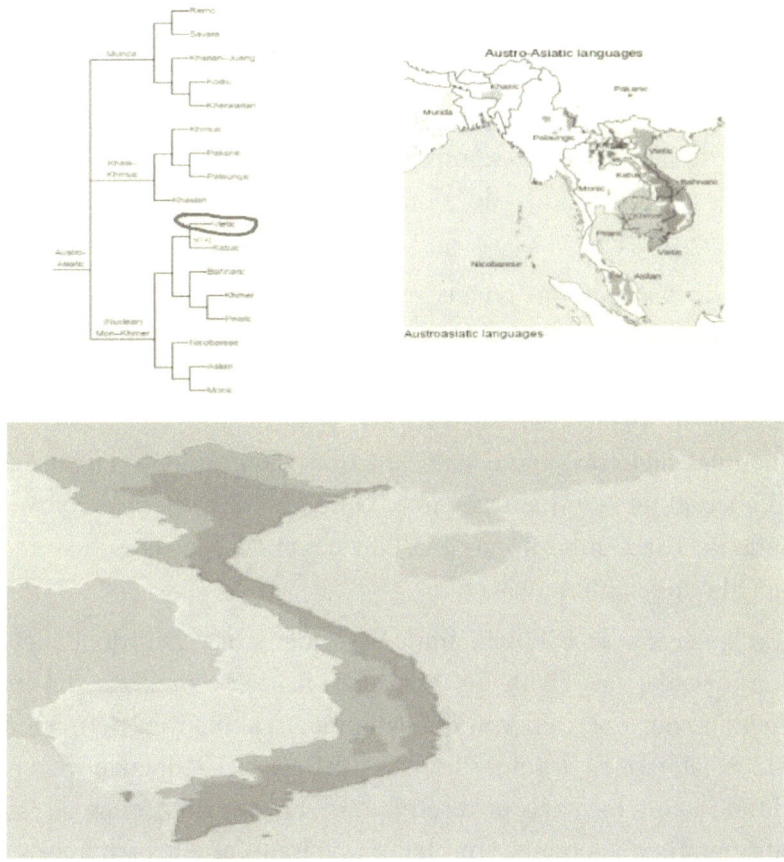

Ilustración 1: La ilustración superior muestra la familia de idiomas que incluye el vietnamita. En la parte inferior, el verde oscuro muestra las áreas donde el vietnamita es el idioma dominante. El verde claro representa a los grupos lingüísticos minoritarios

En la antigüedad, hasta principios de la era moderna, los emperadores, reyes y líderes tribales y de clanes de los diversos pueblos de Vietnam lucharon con China, su gigante vecino, por el derecho a gobernarse a sí mismos, a veces con éxito y otras no. Estas luchas no siempre fueron militares; a veces, fueron políticas, económicas, culturales o una combinación de las tres.

También hubo momentos durante los muchos siglos de influencia china en que el pueblo de Vietnam y China disfrutaron de relaciones pacíficas y armoniosas, pero esto siempre fue con el entendimiento de que China era el "socio superior". Los vietnamitas se aseguraron un mínimo de autogobierno siempre que enviaran el tributo adecuado a los chinos en términos de riquezas, bienes, lenguaje deferente y obediencia política.

Cuando las dinastías chinas se debilitaron y se preocuparon más por mantenerse en el poder o se centraron en otros asuntos más cercanos al hogar (por ejemplo, la llegada de los ingleses y otros europeos a finales del siglo XVII y principios del XVIII), los vietnamitas hicieron ofertas para una mayor autonomía o incluso una total libertad de la influencia china. Desde 1802 hasta principios de la década de 1880, gobernó la dinastía vietnamita Nguyen, en su mayor parte, libre de la influencia china.

En la década de 1880, los franceses, que habían llegado a Vietnam en la década de 1850, se apoderaron esencialmente del reino vietnamita, pero permitieron que la familia real Nguyen permaneciera como testaferro. El dominio francés duró hasta 1940, cuando la caída de Francia ante los nazis provocó que los aliados de Alemania, Japón, se afirmaran en Vietnam. Uno habría pensado que los japoneses solo habrían permanecido en el país hasta 1945, momento en que Japón fue derrotado, pero muchos japoneses se quedaron atrás para ser utilizados por los franceses que regresaban como una fuerza policial provisional mientras restablecían su propio control del país, algo que ganó a los franceses pocos amigos vietnamitas.

De 1946 a 1954, los franceses libraron una sangrienta guerra contra los comunistas vietnamitas, que resultaría en una derrota francesa y la creación de Vietnam del Norte. Los intentos comunistas de conquistar el sur a través de una variedad de medios durante la "Guerra Fría" posterior a la Segunda Guerra Mundial resultaron en una mayor participación estadounidense en el sudeste asiático, con el objetivo de mantener a Vietnam del Sur libre del comunismo. Como ya sabrá, la guerra de Vietnam (1963-1975) fue una derrota impactante para Estados Unidos y resultaría en la unificación de Vietnam bajo el Partido Comunista de Vietnam.

En 1978, los vietnamitas lanzaron una invasión a la vecina Camboya, después de una serie de incidentes transfronterizos. La victoria vietnamita allí, puso fin al régimen genocida de Pol Pot, pero también provocó la ira de China, que era un aliado de Camboya y había estado alejado de Vietnam durante algún tiempo. Después de un mes de intensos combates, ambos bandos declararían la victoria. Los vietnamitas permanecieron en Camboya, y los chinos se apoderaron de algunas tierras a lo largo de la frontera norte de Vietnam y en el mar de China Meridional.

En 1986, el gobierno vietnamita comenzó un esfuerzo serio para modernizar la economía del país y transformarlo de un estado principalmente agrícola a uno industrial. Para ello, aliviaron gradualmente los controles sobre la libre empresa, y hoy, Vietnam, aunque sigue siendo relativamente pobre en comparación con las naciones del Primer Mundo como Estados Unidos y Japón, disfruta de un nivel de vida mucho más alto de lo que podría haberse imaginado en 1975, al final de la guerra de Vietnam. Esperemos que disfrute aprendiendo más sobre la historia de Vietnam, uno de los países más fascinantes del mundo.

Capítulo 1 - Conceptos Básicos

En 1965, el presidente de Estados Unidos, Lyndon B. Johnson, aumentó considerablemente el número de tropas estadounidenses en Vietnam. En ese momento, mucha gente decía que Johnson estaba "enviando niños estadounidenses a pelear y morir al otro lado del mundo a un país del que la mayoría de los estadounidenses nunca había oído hablar y no podían encontrar en un mapa". Y en 1965, esto era cierto. En 1975, la mayoría de los estadounidenses podía encontrar fácilmente Vietnam en un mapa, y muchos deseaban no haber oído hablar del país.

Hoy, Vietnam rara vez es un tema en los medios de comunicación estadounidenses u occidentales. Aun así, últimamente, a partir de septiembre de 2020, Vietnam ha sido elogiado por su respuesta temprana y efectiva a la pandemia de Covid-19. La nación ha tenido relativamente pocos casos, especialmente si se considera su vecindad con Wuhan, la provincia de China donde se cree que se originó el coronavirus.

Siendo ese el caso, muchas personas en los Estados Unidos y en otros lugares, una vez más podrían tener problemas para encontrar Vietnam en un mapa y probablemente no sepan mucho sobre la nación del sudeste asiático aparte de la guerra de Vietnam.

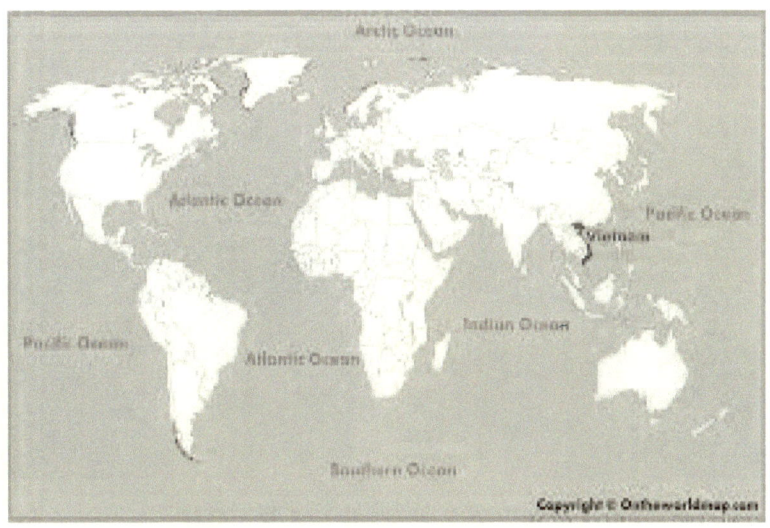

Ilustración 2: Ubicación de Vietnam

En 2018 la población de Vietnam era de aproximadamente 97 millones de habitantes. La mayor parte de la población vive cerca de las largas costas del país.

La capital de Vietnam es Hanoi, que se encuentra cerca de donde el río Rojo desemboca en el océano Pacífico / mar del Sur de China después de un viaje de aproximadamente 750 millas (unos 1200 kilómetros) desde la provincia de Yunnan en China, a través de las montañas y bosques del norte de Vietnam, hasta la región del delta entre Hanoi y el puerto principal de Vietnam de Hai Phong. La población de la capital de Vietnam es de 7,7 millones de habitantes, incluyendo su entorno inmediato.

La "segunda ciudad" de Vietnam, la ciudad de Ho Chi Minh (más conocida por muchos estadounidenses por su antiguo nombre de Saigón), se encuentra en el extremo sur del país y también está situada en una zona del delta del río Mekong, que fue escenario de muchos combates durante la guerra de Vietnam. La ciudad Ho Chi Minh es la ciudad más poblada de Vietnam, con 10.4 millones de habitantes.

Ilustración 3: Delta del Mekong

Otras grandes áreas metropolitanas incluyen Hai Phong (2 millones de habitantes), la ciudad central de Da Nang (1.3 millones) y la antigua ciudad real de Huế, ubicada en la costa central (500.000 habitantes). Salpican la costa otros importantes centros de población, mientras que el interior del país sigue siendo en su mayoría rural, pero con algunas ciudades y pueblos más grandes.

Aproximadamente cuatro millones de vietnamitas (o personas que se identifican como étnicamente vietnamitas) viven en países de todo el mundo, principalmente Estados Unidos, Australia, Francia y Corea del Sur. Un número significativo de personas de Vietnam que pertenecen a los grupos étnicos minoritarios del país también viven en otras naciones del mundo. La gran mayoría de estas son refugiados de Vietnam del Sur y / o sus descendientes.

Dado que Vietnam ha sido gobernado por los comunistas desde 1975, la religión organizada ha sido reprimida y desalentada, aunque muchos vietnamitas tienen creencias privadas, probablemente más de las que el gobierno sospecha. El Libro Mundial de Hechos de la CIA y otras referencias estiman que alrededor del 82 por ciento del país son no creyentes. Sin embargo, se cree que hay un 7,8 por ciento de budistas, un 6,6 por ciento de católicos, un 0,9 por ciento de protestantes y un 0,1 por ciento de musulmanes. Otros dos sistemas de creencias exclusivos de Vietnam son Hòa Hảo y Cao Dai, que comprenden alrededor del 3 por ciento de la población.

En los Estados Unidos, la guerra de Vietnam a veces se conoce como "la primera guerra televisada". Durante la guerra, los medios de comunicación tuvieron un acceso relativamente ilimitado a las tropas y al campo de batalla. A menudo, los estadounidenses estarían viendo informes en vivo del campo de batalla mientras cenaban (Vietnam está aproximadamente a medio día de la mayoría de las zonas horarias de EE. UU.).

La abrumadora impresión que la mayoría de la gente tuvo de la geografía de Vietnam fue que todo era selva, y aunque las selvas tropicales cubren gran parte del país, especialmente en el sur, no todo eso es lo que uno podría identificar típicamente como "jungla" en el sentido que se le da en Hollywood. Aunque el cuarto sur del país, especialmente el interior, tiene mucha selva, las áreas boscosas de Vietnam son muy similares a los bosques de otras naciones, especialmente si se considera la parte norte del país.

Ilustración 4: Senda forestal típica del Vietnam central

Gran parte del país, especialmente el norte y el sur, está cubierto de arrozales, ya que durante siglos el arroz ha sido el principal cultivo agrícola de la nación. Otros productos agrícolas incluyen, caña de azúcar, mandioca, patatas, una variedad de nueces y maíz. En las tierras altas centrales del país, el café y el té se cultivan ampliamente. Vietnam es el segundo exportador de café más grande del mundo.

Hasta el día de hoy, especialmente en los campos de arroz, el cultivo es muy intensivo en mano de obra y se realiza a mano y con bueyes.

Se cultivan algunas frutas, como plátanos, mangos y cocos, y las plantaciones de árboles de caucho que fueron casi totalmente destruidas durante la guerra, están regresando.

El trabajo agrícola todavía emplea a la mitad de la fuerza laboral del país, aunque la agricultura solo contribuye con alrededor del 14 por ciento al producto interno bruto de Vietnam (esta cifra también incluye la producción de madera y la pesca).

Desde la década de 1990, Vietnam ha realizado un esfuerzo concertado para modernizar su economía y, hoy está comenzando a sacarle a China algunos negocios de fabricación de productos de consumo debido a que los salarios y los costos de producción chinos han aumentado. Los bienes manufacturados incluyen una variedad de productos de madera, productos electrónicos (tanto industriales como de consumo) y materiales de construcción / embalaje. Sorprendentemente, uno de los socios comerciales más grandes de Vietnam es Estados Unidos, que importa alrededor del 20 por ciento de los productos exportados por Vietnam.

Para su tamaño, Vietnam es rico en recursos y tiene importantes depósitos de carbón, fosfatos, manganeso, bauxita y elementos de tierras raras, que se utilizan en la fabricación de computadoras y teléfonos inteligentes. En alta mar, también tiene algunos depósitos de petróleo y gas natural que son los principales puntos de discordia con China.

Vietnam tiene un tamaño de 331,210 kilómetros cuadrados (310,070 tierra / 21,140 agua), lo que lo hace aproximadamente del mismo tamaño que Italia, cuya forma es algo similar. Como se mencionó anteriormente, el clima y la geografía del sur y el norte son bastante diferentes. El país está a solo 1.100 millas (1.760 kilómetros) al norte del ecuador, y está ubicado entre los océanos Índico y Pacífico, lo que lo hace húmedo en prácticamente todas las áreas del país durante todo el año.

El norte es subtropical, con un clima similar al de Luisiana en los Estados Unidos. A medida que uno se desplaza hacia el sur, Vietnam se convierte en un país tropical, y las selvas antes mencionadas comienzan a formarse aproximadamente en el "cinturón" de la nación. Cerca de las costas del sur, el clima es muy parecido al de Florida, la mayor parte del año: cálido y excesivamente húmedo, con una temperatura media de 82ºF / 27,7ºC. En el remoto extremo noreste del país, en las montañas Hoang Lien, la temperatura promedio es de 46ºF / 8ºC, y en ocasiones se han registrado temperaturas bajo cero.

Ilustración 5: Las Montañas Hoang Lien en verano

Vietnam es susceptible a los monzones, que golpean con regularidad, aunque son raros los devastadores y destructivos monzones que con frecuencia desembarcan en la India y Bangladesh al este. Sin embargo, debido a su naturaleza costera y a las montañas que rodean gran parte del país en el este, las precipitaciones en Vietnam son bastante abundantes. La "temporada de lluvias" se extiende de agosto / septiembre a diciembre en gran parte del norte y de septiembre a diciembre en la costa central y sur. La mayor parte de la lluvia cae en un tramo extremadamente húmedo en octubre y noviembre. En general, caen alrededor de 60 a 95 pulgadas (156 a 258 cm) de lluvia anualmente, aunque, en algunos lugares, esos valores se sobrepasan con frecuencia y se acercan a las 200 pulgadas (560 cm) de lluvia en un año.

Capítulo 2 - Antiguo Vietnam

Un viejo adagio dice que "los vencedores escriben la historia". En el caso del antiguo Vietnam, esto es bastante cierto. Con muy pocas excepciones, lo que sabemos sobre Vietnam antes del Siglo I d. C. no fue registrado por los mismos vietnamitas. Algunas partes de su historia, como guerras, desastres naturales, mitos, leyes y registros dinásticos, fueron registrados por los vietnamitas, pero prácticamente todo fue destruido o eliminado por la dinastía Ming alrededor del 1400 d. C. Por lo tanto, gran parte de lo que sabemos sobre la historia vietnamita antes de 1400 no proviene de los propios vietnamitas, y debe tomarse con escepticismo.

Las fronteras del Vietnam actual no fueron el hogar del pueblo vietnamita de la antigüedad. Hoy, la mayoría de los historiadores y antropólogos creen que la "nación" vietnamita (es decir, aquellos que se identificaron como vietnamitas, aunque debe tenerse en cuenta que no se convirtió en una palabra hasta mucho más tarde) se originó en China, al sur del río Yangtzé, y se expandió hacia el sur, en el área del delta del río Rojo cerca del Hanoi de hoy, que era la frontera más al sur de su territorio.

La misma China era una tierra de muchos clanes, tribus y diferentes grupos étnicos (hoy, hay cincuenta y cinco grupos étnicos reconocidos en China). Bajo el gran emperador Shi Huang di (a veces escrito como Shih Huang-ti), estos grupos fueron puestos bajo el control de una dinastía de los Qin, en el año 221 a. C. Uno de estos grupos se conocía como Nan Yue o Nan Yuet, que significa pueblo "Yue del Sur (t)". "Yue" o "Yuet" (ambos se ven en los textos de historia) es un hacha de piedra diseñada para llevar al hombro. La primera referencia a este pueblo proviene de alrededor de 1300 a 1046 a. C., en inscripciones en huesos de finales de la dinastía Shang en China. Esta fue la primera dinastía china registrada, que gobernaría desde 1600 hasta 1046 a. C.

Las inscripciones en huesos registran preguntas sobre el puebo Yue, como "¿Se hará venir a los Yue?" y "¿Se conseguirá a los Yue?". Estos son mensajes que se preguntan si el pueblo Yue se inclinará ante los Shang o si será conquistado y agregado al Imperio Shang.

La pronunciación china de la palabra "Yue (t)" suena muy corta, y la pronunciación de la palabra vietnamita es "viet".

Por lo tanto, el Nan Yuet era el pueblo "vietnam del sur", pero en ese momento, el sur significaba el delta del río Rojo, no como en el antiguo Vietnam del Sur.

A finales del primer milenio a. C., Shi Huang di y otros comenzaron a avanzar hacia el sur, hacia las fronteras del Vietnam actual. Los Nan Yuet aparentemente no estaban ansiosos por someterse a Shi Huang di, sus señores de la guerra o sus gobernadores, pero no estaban en posición de resistirse a un poder tan grande, por lo que huyeron más al sur. Mientras lo hacían, no solo el área del delta del río Rojo se pobló con Nan Yuet, sino que un gran número de ellos también presionaría más al sur.

Las tierras al sur del delta del río Rojo no estaban vacías, ya que en ellas habitaba una variedad de pueblos y tribus diferentes, entre ellos pueblos de habla mon-khmer y tai. Los jemeres son los antepasados de los camboyanos de hoy, y han ocupado varias áreas del sudeste asiático durante milenios. Los tai mencionados aquí no deben confundirse con los tailandeses de la Tailandia actual; son dos grupos de pueblos completamente diferentes. También ocuparon partes de Vietnam, el pueblo Cham, que pobló áreas en la parte central del país, especialmente cerca de la costa. Mientras que los jemeres y los tai provenían de Asia continental, los cham son un grupo austronesio, lo que significa que se originaron en varias islas y áreas costeras de la región, y emigraron por mar al actual Vietnam. Con el tiempo, muchas de los pueblos en el área comenzaron a referirse a sí mismos como lo hacían los nuevos inmigrantes en el área, como "Viets". Sin embargo, tanto los jemeres (especialmente en el sur) como los cham conservaron sus propias identidades y reinos, y ambos librarían una serie de guerras con el pueblo vietnamita.

También debe recordarse que no todas los pueblos "Yuet" abandonaron China. Una parte considerable permanecería en la China actual. Algunos quedarían subsumidos por los matrimonios mixtos y la integración, mientras que otros conservarían su identidad "vietnamita" durante algún tiempo, viviendo en las zonas fronterizas de China y Vietnam en una época en la que las fronteras eran fluidas y las guerras frecuentes.

El mito de la creación vietnamita explica la propagación del pueblo vietnamita de China a Vietnam. Según esta leyenda, había un hada inmortal viviendo en las montañas. Ella se llama Âu Cơ. Se enamoró de Lạc Long Quân, "Señor Dragón del Lago", quien la rescató de un monstruo atacante mientras volaba de regreso a las montañas desde el mar. Alumbró cien huevos, pero desafortunadamente para la pareja, ambos sufrieron de nostalgia extrema. El hada necesitaba regresar a las montañas y el señor dragón al mar. Estuvieron de acuerdo en que cada uno tomaría cincuenta niños y los criaría solos. Âu Cơ regresó a las montañas del norte de Vietnam, y Lạc Long Quân volvió al mar del sur.

Además de la Âu Cơ, las creencias espirituales vietnamitas incluían muchos espíritus maternos. La mayoría de estos representaban de alguna manera el agua, ya que el agua no solo es necesaria para la vida, sino que es un elemento importante del medio ambiente vietnamita. Como hemos visto, Vietnam puede ser muy lluvioso. Los ríos Rojo y Mekong, junto con muchos otros, desempeñan importantes funciones económicas y sociales, y el mar nunca está lejos, especialmente para los que se encuentran en la parte central del país.

Pregúntele a cualquier vietnamita y le dirá que, si bien la gente del norte y del sur de Vietnam forman un solo pueblo, la gente de las dos regiones es muy diferente. Se dice que los norteños son más reservados y tranquilos, mientras que los sureños son más extrovertidos y acelerados, como un hada y un dragón.

La cultura vietnamita se diferenció de la cultura china en varios aspectos importantes. En primer lugar, estaba su idioma. No solo la palabra hablada era diferente, sino también la palabra escrita. Originalmente, los vietnamitas usaban caracteres chinos, pero con el tiempo, estos se transformaron en un idioma escrito único llamado Chu Nom, que significa "las letras del sur", que, por supuesto, reflejaba la ubicación del pueblo vietnamita. Hoy, los vietnamitas usan la escritura latina que les trajeron los franceses, aunque con una miríada de marcas tonales / diacríticas.

Otra diferencia muy significativa fue la estructura de la sociedad china desde aproximadamente el año 600 a. C. en adelante, en comparación con la del pueblo vietnamita. Dado su tamaño e historia, obviamente hubo una gran influencia de la cultura china, como la geografía, la historia, gobernantes influyentes, desastres naturales y provocados por el hombre, guerras y muchos más. Sin embargo, aquí estamos hablando de los fundamentos filosóficos de la sociedad china durante gran parte de su historia. Hay cuatro influencias principales en la filosofía religiosa china: confucianismo, taoísmo, budismo y creencias populares tradicionales (nota: algunos historiadores se abstienen de llamar al taoísmo y el confucianismo "religiones" y las llaman únicamente "filosofías", mientras que otros ven el mismo tipo de elementos espirituales y morales contenidos en otras religiones de todo el mundo en sus principios rectores e historia)

Aunque el taoísmo tuvo a lo largo de los siglos, algún efecto e influencia en elementos de la sociedad vietnamita fue la filosofía de Confucio (o "Kongzi / Kong Fuzi", que significa "Maestro Kong") la que jugó un papel mucho más importante. Ese papel no siempre fue positivo, al menos no a los ojos de muchos vietnamitas.

Se cree que Confucio vivió en algún momento del siglo VI a. C. A lo largo de los siglos, otros filósofos agregaron a los escritos de Confucio para darnos el neo-confucianismo, que desempeñó un papel importante tanto en China como en Vietnam en la Edad Media y más allá.

Cuando la dinastía Han (200 a. C.-220 a. C.) llegó al poder en China, la filosofía de Confucio se convirtió en lo que hoy podríamos llamar la "religión de estado". Casi todos los aspectos de la sociedad china fueron tocados por el pensamiento confuciano. Quizás los más famosos sean las Analectas de Confucio (sus escritos) que se convirtieron en la base de los exámenes del servicio civil chino, los primeros exámenes de este tipo en la historia. Al obtener una calificación exitosa o aprobatoria en los exámenes, uno ingresaba al servicio gubernamental a nivel local, provincial o quizás incluso nacional. Había pruebas para cada nivel, y cada una se volvía cada vez más difícil y menos accesible para las "clases bajas que para las clases altas". Esencialmente, los exámenes eran pruebas sobre los escritos de Confucio, comentarios famosos sobre ellos de otros grandes pensadores y, hasta cierto punto, cómo se aplicaban a la vida cotidiana o a los asuntos gubernamentales. En los exámenes del servicio civil se cubrirían una gran cantidad de temas, como puede ver en las dos preguntas siguientes.

Discutir: Pei Du presentó la idea de que el Primer Ministro debería poder discutir planes con sabios y asesores en su propia casa (nota: durante la época de Pei, todas las discusiones debían realizarse en la corte ante el emperador*).*

¿Pueden las personas aprender la bondad por sí mismas o necesitan grandes maestros que las guíen? Si queremos frenar la propagación de malos pensamientos en todo el país y fomentar el confucianismo, ¿qué podemos hacer?

En 111 a. C., la dinastía Han se trasladó al sur (es decir, las partes del sur de China que aún no estaban bajo su control y lo que hoy es el norte y el centro-norte de Vietnam). Al hacerlo, trajeron consigo conceptos del confucianismo. Los gobernantes vietnamitas y sus cortes vivieron, en su mayor parte, de acuerdo con los principios confucianos hasta que Vietnam logró su independencia de China en el 939 d. C., y luego nuevamente por un corto tiempo a principios del 1400 cuando los chinos lo invadieron una vez más.

Hubo muchos beneficios para el sistema confuciano, más específicamente, la organización del servicio civil. El confucianismo también enseña la benevolencia, el amor a la humanidad, la moderación en todas las cosas y la armonía con la naturaleza. En un grado u otro, estos son valores humanos que no son exclusivos de los chinos o los vietnamitas, aunque los vietnamitas tenían algunos problemas con el confucianismo.

En primer lugar, el confucianismo era un sistema de creencias chino. Dentro de esa pequeña oración, puede ver dos problemas. Vietnam estaba dominado por una potencia extranjera a la que se vieron obligados a pagar tributo. Y, en segundo lugar, a lo largo de los siglos, la sociedad vietnamita se había convertido en una sociedad casi matriarcal. Si bien las mujeres rara vez gobernaban el país, tenían una gran influencia en los niveles más altos de la corte y eran la autoridad en el hogar y, muchas veces, en la aldea. En gran medida esto es cierto hasta el día de hoy. Quizás un mejor adjetivo es "matrifocal", ya que la madre es el centro de atención de la sociedad, el pegamento que mantiene unidas a la familia y la sociedad.

La sociedad china era todo lo contrario. Aunque la emperatriz y otras mujeres miembros de la familia real, en ocasiones, podían ejercer un gran poder, no había duda de que la sociedad china estaba dominada por hombres, de arriba hacia abajo.

Pero ¿cómo se relaciona esto con el confucianismo? Uno de los pilares de la filosofía confuciana es el ideal de piedad filial. Se han escrito volúmenes en muchos idiomas solo sobre la noción de piedad filial confuciana, pero para nuestros propósitos aquí, "piedad filial" significa lealtad a la familia dentro de una jerarquía estricta, con el padre y otros varones en la cima. En el caso de un imperio, esta comienza con el emperador y continúa hacia las provincias, ciudades, pueblos y aldeas. El imperio fue concebido como una gran familia, con el emperador como el "gran padre". Dentro del hogar, esto significaba que el padre tenía prácticamente todo el poder.

En los niveles más altos de la sociedad vietnamita, las ideas confucianas fueron adoptadas o impuestas. En los niveles más bajos, las ideas confucianas se enseñaron y se difundieron de la ciudad a la aldea con distintos niveles de éxito. Esta difusión de ideas que iban en contra de las creencias vietnamitas causó confusión y conflictos dentro de su sociedad.

Otro aspecto del confucianismo que los vietnamitas resintieron fue el énfasis en la subordinación del individuo. Por muchas razones (tal vez debido en parte a la naturaleza accidentada de la geografía de Vietnam y definitivamente debido a la influencia del budismo, sobre la que hablaremos más adelante), Vietnam se había convertido en una sociedad en la que primero el individuo era responsable ante sí mismo; esto contrasta notablemente con la sociedad china actual.

Cuando los Han derrotaron a Vietnam, o "Nan Yuet", en el 111 a. C., no tenían la intención de gobernar a los vietnamitas directamente, al menos al principio. Exigían tributos regulares y hombres para llenar las filas de sus ejércitos cuando era necesario, pero aparte de eso, generalmente dejaron en paz a los vietnamitas. Sin embargo, en el año 40 d. C, la dinastía Han había experimentado una serie de rebeliones dentro de China y ya no estaba de humor para permitir que sus diversas regiones extranjeras se gobernaran a sí mismas. Bajo el emperador Guang Wudi, comenzaron a imponer el dominio chino directo sobre Vietnam y otras regiones.

Los Han comenzaron a hacer cumplir la ley y las estructuras administrativas chinas sobre las vietnamitas. También exigieron cambios en la estructura de la sociedad vietnamita y comenzaron a tratar de cambiar el territorio de Nanyue, de uno algo matriarcal a uno estrictamente paterno. Por ejemplo, el sistema de matrimonio tradicional chino hacía que la nueva novia se mudara a la casa de su cónyuge, que estaba gobernada por el padre. En la tradición vietnamita (hasta hace muy poco), el futuro hijo se mudaba a la familia de la novia, que normalmente estaba encabezada por la madre.

Estos cambios no fueron bienvenidos por muchos vietnamitas. Dos de ellos fueron las hermanas Trung: Trưng Trắc y su hermana Trưng Nhị (al igual que en gran parte de Asia, en Vietnam, el apellido va primero. Esto a veces se cambia temporalmente en el caso de negocios internacionales o de forma permanente, cuando uno emigra a Occidente, pero es el ejemplo más evidente de la importancia de la familia en muchas culturas asiáticas.)

Las hermanas Trung (conocidas en Vietnam como Hai Bà Trưng, "Dos Damas [llamadas] Trung") eran miembros de la clase alta vietnamita y vivían en las zonas rurales del norte de Vietnam, probablemente en el río Rojo. Estaban altamente educadas y ambas habían sido instruidas en las artes marciales de la época. Se desconocen sus fechas de nacimiento, pero Trung Trac era la mayor, y probablemente nacieran en la primera década del primer milenio.

Ilustración 6: Celebración de la rebelión de las hermanas Trung en Hanoi en 2019, 1979 años después del evento. Este no fue un accidente, ya que, en el año 1979, los vietnamitas volvieron a luchar contra los chinos

Las hermanas Trung se vieron directamente afectadas por la orden del emperador chino con respecto a la estructura del matrimonio y la vida familiar vietnamita. Las hermanas Trung eran las herederas designadas de la propiedad y la posición / títulos de su padre (él era un funcionario de la ley local), algo que no sucedió bajo el gobierno confuciano chino.

Las hermanas Trung también estaban casadas con el mismo hombre, Thi Sach, lo que no en ese momento era una situación desconocida. Thi Sach fue acusado por el gobernador chino local de conspirar contra los chinos y fue decapitado. Se informó de atrocidades chinas, incluidos asesinatos en masa y violaciones. Sin embargo, los relatos chinos de la rebelión de las Trung no las mencionan para nada.

En respuesta, las hermanas Trung comenzaron una rebelión grande y abierta. Se reunieron con muchas de las principales familias del norte de Vietnam y, en poco tiempo, se habían apoderado de una franja de tierra que se extendía desde la actual frontera territorial china con Vietnam hacia el sur hasta la ciudad de Hue en la costa central. En aproximadamente un año, controlaron unas sesenta y cinco ciudades y pueblos. En el año 40 d. C., en Me Linh, en el delta del río Rojo, las hermanas Trung se declararon reinas del área (nadie está seguro de cómo llamaron a su territorio).

Por supuesto, en ese momento, las noticias viajaban lentamente, y la capital imperial china Han de Chang'an (hoy Xi'an en el centro de China, que es famosa por su Ejército de Terracota) estaba a más de 900 millas (1400 kilómetros) de distancia. Por lo tanto, para recibir la noticia, formular un plan, organizar un ejército y llevar sus fuerzas a Vietnam tomaba tiempo. El imperio de las hermanas Trung duró tres años, del 40 al 43 d. C.

Sin embargo, cuando llegaron los chinos, lo hicieron con una fuerza abrumadora. La primera batalla, que tuvo lugar cerca de la actual Hanoi, fue una derrota para las hermanas Trung, al igual que las dos batallas siguientes. En lugar de ser llevadas cautivas, las hermanas se ahogaron en la confluencia de los ríos Day y Rojo en el 43 d. C. Hoy, son héroes nacionales vietnamitas, con pagodas y calles que llevan sus nombres en todo el país.

El fracaso de la revuelta de las hermanas Trun g marcó el comienzo de 500 años de dominio chino (43-544 d. C.).

Durante ese tiempo, la relación entre vietnamitas y chinos fue de estrés y tensión. No lo fue realmente de una manera directa, aunque frecuentemente aparecerían rebeliones locales; era más como si hubiera tensión debajo de la superficie. El dominio chino durante estos años sería intermitentemente duro o relativamente indulgente. En esencia, los chinos generalmente administraban la provincia utilizando funcionarios vietnamitas para atender los asuntos cotidianos, como la recaudación de impuestos y tributos. En términos muy generales, los chinos estaban satisfechos si recibían sus tributos e impuestos y si los vietnamitas (al menos en la cima) observaban los principios confucianos. Un dicho vietnamita posterior de finales del siglo XVII también podría aplicarse a este período anterior: "Phap vua thua le lang" o "El orden imperial cae antes que las reglas y costumbres de la aldea".

Ser un tributario del imperio chino tenía sus ventajas. En tiempos de paz y estabilidad imperial, florecería el comercio, ya que China tenía una necesidad aparentemente interminable de bienes y recursos de todo tipo, especialmente de la madera vietnamita. Los piratas operaban frente a las costas, algunos de ellos chinos, algunos otros vietnamitas, y otros de otras tierras, como la actual Indonesia. Hasta cierto punto, el poder chino podría actuar contra estos merodeadores, y en gran medida, China mantendría la paz entre los pueblos del sudeste asiático.

Sin embargo, el dominio extranjero es el dominio extranjero, y en el 544 d. C., estalló otra considerable revuelta en la provincia de Jiaozhi, que era como los chinos llamaban el área alrededor del delta del río Rojo y las montañas y bosques al oeste. En este momento, las partes central y sur del Vietnam actual eran áreas tribales y de clanes, que, en su mayor parte, no eran tributarias de los chinos.

Además del simple hecho de que el pueblo vietnamita estaba siendo gobernado por extranjeros, muchos en el área estaban irritados por los cambios que los chinos estaban tratando de imponerles o reforzarlos continuamente. Junto con el confucianismo, la filosofía taoísta china también hizo incursiones en Vietnam.

Originado aproximadamente al mismo tiempo (2500 a. C.) que el confucianismo, el taoísmo fue originalmente una filosofía más que una religión. Al igual que el confucianismo, exaltaba un orden natural con el que se mezcló con el tiempo. Sin embargo, a diferencia de los pensamientos confucianos y otros, el taoísmo incluía mucho sobre la naturaleza del universo y el "Camino" o "Tao" de la vida dentro del mismo. Gran parte del taoísmo fue pasivo, implicando meditación y una reverencia por la naturaleza en un grado mucho mayor que el confucianismo. Con el tiempo, el taoísmo también desarrollaría aspectos de la religión, con monjes, templos, ritos, etc. Además, el taoísmo tenía elementos de adoración a los antepasados, que se acomodaban muy bien a las creencias tradicionales vietnamitas.

Como resultado, algo de lo que enseñaba el taoísmo se fusionaba bien con las creencias tradicionales vietnamitas, pero un aspecto, en particular, era problemático. A lo largo de la historia vietnamita, algunos líderes, ya fueran políticos o culturales, han tenido una cualidad que iba en contra de un principio importante del taoísmo. Eso es *Te* ("tay").

Te es poder espiritual y puede referirse a un espíritu o deidad de algún tipo. También puede referirse al poder manifestado en los seres humanos y a las relaciones humanas. Entre los vietnamitas, tradicionalmente los grandes líderes (hombres o mujeres) han tenido una cualidad llamada *uy tin* (se pronuncia "ui tin"). Esta tiene muchos significados, incluido una especie de carisma, capacidad de liderazgo, deseo de ayudar a la gente y un sentimiento de empatía patriótica. Se puede reconocer fácilmente a las personas que tienen esta cualidad, y muchas veces en la historia de Vietnam, han sido elegidas para liderar, ya sea un movimiento, una aldea, una asociación de algún tipo o un partido político. La palabra clave aquí es *elegida.*

Por otro lado *"Te",* (al menos en términos cotidianos), puede describirse como "potencia bruta". En lugar de ser elegido por la gente o un movimiento, una persona (o familia, partido, etc.) toma el poder y luego usa el poder y la fuerza para obtener lo que quiere.

En una nación que valoraba a *uy tin*, una filosofía china que a veces parecía valorar a *Te* sobre cualquier otra cosa era extraña. Entonces, en 544, surgió una rebelión en el delta del río Rojo.

Los problemas en esta área comenzaron mucho antes. A finales de los años 300 y principios de los 400, la dinastía Jin gobernante en China se dividió en la Jin Oriental y la Jin Occidental, luego cayó en el 420. El período entre 420 y 589 se conoce en la historia de China como la época de las dinastías del Norte y del Sur, las facciones en guerra, los señores de la guerra y las familias poderosas que lucharon entre sí por el poder. A medida que los diferentes grupos de China luchaban entre sí, el poder chino en Vietnam disminuía. Los vietnamitas sabían que había llegado el momento de un ataque

La parte oriental del delta del río Rojo era prácticamente intransitable a pie o a caballo, y los chinos no la habían cartografiado durante décadas, si no más. En los mapas chinos, el área era mucho más pequeña de lo que era en realidad. El limo y la erosión del río Rojo habían recuperado gran parte de la tierra (o más bien un delta pantanoso y selvático) del mar. Los chinos ni siquiera sabían que esta tierra estaba allí, pero los vietnamitas sí, y los rebeldes se reunieron allí de a miles.

Una fuente vietnamita posterior describió el área: "Está cubierta de espesos bosques y arbustos y hay una base dura en el medio, alrededor de la cual no hay nada más que barro y pantanos. El lugar es difícil de recorrer para humanos y caballos y solo se puede llegar en canoas. Pero si uno no conoce la ruta, aún se perdería y caería al agua y lo morderían gusanos o serpientes y moriría". Este suena como el lugar perfecto desde el cual lanzar una guerra de guerrillas, y esto era exactamente lo que los vietnamitas tenían que hacer, ya que los chinos los superaban en número.

El líder de esta rebelión fue Ly Bi, que en realidad era chino. Vio la oportunidad de formar su propio reino de chinos y vietnamitas en el sur. Ly Bi miró hacia atrás en la historia en busca de un nombre para su reino y lo encontró en el 200 a. C. El líder de esa rebelión, Zhao Tuo (en vietnamita, "Trieu Da"), había llamado a su reino Nan Yue, ("el Reino de los Yue del Sur"). Esto implicaba que estaba separado de China, pero que también era igualmente un reino, al menos diplomáticamente. Debido a las luchas internas que tienen lugar dentro de China, el reino de Zhao Tuo fue reconocido por los chinos en 204 a. C. En el transcurso de los siguientes 107 años, la nueva dinastía en Nan Yuet se llamó "Zhao" en chino y "Trieu" en vietnamita. Zhao Tuo, su hijo y su nieto expandieron su imperio hacia el sur y el oeste, sentando las primeras bases para las fronteras del Vietnam actual, como puede ver a continuación.

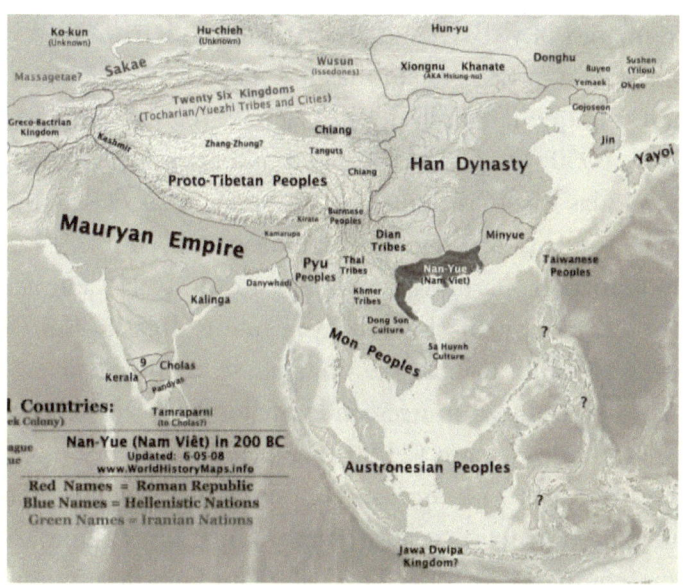

Ilustración 7: Aquí, puede ver que porción del Reino de Nan Yue comprendía parte del sur de China en el 200 a. C. (el cargador original fue Sea888 en Wikipedia en inglés. - Transferido de en.wikipedia a Commons por Alagos., CC BY-SA 3.0 CC BY-SA 3.0 Licencia Creative Commons- BY El beneficiario de la licencia tiene el derecho de copiar, distribuir, exhibir y representar la obra y hacer obras derivadas siempre y cuando reconozca y cite la obra de la forma especificada por el autor o el licenciante. SA El beneficiario de la licencia tiene el derecho de distribuir obras derivadas bajo una licencia idéntica a la licencia que regula la obra original)

En parte inspirado por Zhao Tuo, en 543 Ly Bi repelió con éxito una invasión tailandesa desde el sur, así como dos ataques chinos, pero en en el año 545, los chinos atacaron de nuevo y derrotaron a su ejército de 20.000 hombres. Ly se vio obligado a huir a las montañas occidentales del norte de Vietnam, pero en 548 miembros de la tribu Lao le tendieron una emboscada y lo decapitaron. Entregaron su cabeza a los chinos a cambio de una recompensa.

Sin embargo, Ly Bi había dejado un poderoso ejército a sus herederos, y los chinos estaban más preocupados por los eventos más al norte, por lo que la familia Ly y el ejército regresaron, derrotando a los chinos en 550. De 550 a 571, la familia Ly gobernó el Reino Nan Yue, aunque las disputas dentro de la familia y las clases dominantes los debilitaron. Los chinos regresaron en el 571, atacando intermitentemente hasta que derrocaron a la familia Ly y restablecieron el control chino bajo la nueva dinastía Sui (589-618). Los chinos renombraron la región, que se mantendría en diversos grados hasta el dominio francés en los siglos XIX y XX. Lo llamaron el Protectorado de Annam ("el Sur Pacificado"). Cuando los franceses se apoderaron de lo que hoy se conoce como Vietnam, llamaron a una gran parte "Annam" y a su gente "annameses", que se traduce vagamente como "sureños pacificados". Como era de esperar, esto no fue algo que les agradara a los vietnamitas.

El reino de Ly Bi no se adaptó a la sociedad vietnamita. Ly no derrocó el sistema confuciano chino, ya que había crecido en él. Simplemente reemplazó el gobierno chino con el suyo. Las hermanas Trung, que habían establecido un breve "reino" propio, habrían reconocido el imperio de Ly como extraño, ya que no era realmente vietnamita.

Una de las cosas por las que se destaca Ly Bi fue la incorporación del budismo en el gobierno de su reino. A diferencia del taoísmo y el confucianismo, el budismo no era chino. Se originó en la India y se extendió al sudeste asiático en el año 200 a. C., principalmente en las áreas sur y oeste, aunque algunos creen que se propagó desde China unos 400 años después.

El budismo, al igual que el cristianismo y el islam, tiene muchas sectas. Aunque hay muchas escuelas del pensamiento budista, las ramas principales son el budismo Theravada, el budismo Mahayana y el budismo Vajrayana. La mayoría de los vietnamitas practicaban una forma de budismo Mahayana, al igual que los budistas en Vietnam hoy (aunque su número es mucho menor que antes de 1975). Sin embargo, durante algún tiempo, varias escuelas de pensamiento budista fueron influyentes en diferentes partes del país.

Al igual que muchas otras áreas del mundo budista, los vietnamitas tomaron las enseñanzas que venían de la India y las hicieron suyas. Los elementos del taoísmo y el culto a los espíritus nativos (como el de Âu Cơ y Lạc Long Quân, así como el río elemental, el bosque, los espíritus del viento, etc.) se fusionaron con elementos del culto popular chino y las enseñanzas del Buda y la grandes maestros budistas.

Ly Bi reconoció la influencia del budismo en el país, que en ese momento se encontraba principalmente en las zonas rurales, y una de las primeras cosas que hizo fue erigir una estatua de dos metros y medio de altura del Buda Amitabha, el gran Buda salvador. Fuentes contemporáneas indican que, en ese momento, el budismo realmente se había arraigado entre la gente, que practicaba el canto de sutras (dichos o reglas de las escrituras budistas) y habían llegado a creer que los monjes budistas tenían poderes mágicos y sobrehumanos.

Finalmente, otra forma de budismo, conocida en vietnamita como Thien y por los japoneses y otros como Zen, también llegó a Vietnam. El Zen ponía énfasis en la meditación y la contemplación más que en el estudio de textos y el canto de sutras. Más tarde, a principios del siglo XX, surgió una nueva y única secta religiosa vietnamita conocida como Hoa Hao. Incorporó aspectos del budismo y especialmente hacía hincapié en el valor de la práctica individual de los ritos religiosos y el pensamiento, en lugar de en las enseñanzas de los monjes ermitaños y los escritos antiguos. A lo largo del tiempo, los vietnamitas se han decidido a hacer las cosas a su manera, con distintos grados de éxito.

Durante la dinastía china Tang (618-907), la religión oficial del Imperio chino era el taoísmo, que tiene algunas similitudes con el budismo (meditación, la naturaleza transitoria de la existencia, etc.). A veces, los monjes y funcionarios taoístas eran tolerantes con el budismo en Vietnam, y otras veces lo perseguían, especialmente en tiempos de rebelión o debilidad imperial. Derribarían templos y con frecuencia destruirían campanas, que ocupaban un lugar especial no solo en algunas formas de oración budista, sino también en la cultura vietnamita. Ocasionalmente, los arqueólogos encontrarían estas campanas en excavaciones en todo el país, y hasta han sido desenterradas de los ríos.

Capítulo 3 - Cuatro Siglos y Medio de Independencia

La batalla del río Bach Dang en 938 cambió la historia de Vietnam y se recuerda hoy como una de las más grandes victorias vietnamitas de todos los tiempos. La batalla del río Bach Dang aseguró la independencia de Vietnam durante 400 años, y fue otro ejemplo de cómo los vietnamitas derrotaron a una fuerza mucho más grande con astucia y determinación.

¿Cómo y por qué se produjo la batalla del río Bach Dang? Veamos, en 903, la dinastía Tang en China colapsó, lo que llevó a años de división y conflicto. En 907 surgió una nueva dinastía en las regiones norte y central de China, conocida en la historia como la dinastía Liang Posterior. En el sur, en y alrededor de la actual región de Guangdong, surgió una monarquía conocida como los Han del Sur. En otras áreas del país e incluso dentro de estas dos políticas más grandes, otras familias y clanes afirmaron que estaban destinados a gobernar China o al menos una gran parte de ella. Estas incluían grupos con los nombres dinásticos de Wu, Chu, Wu-Yue y Min. Los dos últimos gobernaron en el sureste, y eran los nombres de los antiguos reinos Yue conquistados por los chinos en el primer milenio a. C.

Con todas las luchas por el poder en China, no es sorprendente que los hombres compitieran por el poder en Vietnam. Administrativamente, los gobiernos chino y vietnamita llamaron a la región del actual Vietnam del norte y del centro "El Ejército del Mar Pacífico", siendo el " mar de paz " el Mar de China Meridional. En 905, Khuc Thua Du, un hombre de una prominente familia asumió el cargo de comisionado del Ejército del Mar Pacífico. Prometió su apoyo a la dinastía Liang Posterior, envió tributos y también logró mantener a los vietnamitas fuera de las luchas por el poder chinas que se desarrollaban en ese momento.

En el 911, el nieto de Du, Khuc Thua My, con la esperanza de heredar la posición de su abuelo, envió un rico tributo de oro, plata, vasijas ornamentales y otros obsequios a la corte de Liang Posterior. Ellos, a su vez, cumplieron su deseo, convirtiendo a Khuc Thua My en el gobernador interino de Vietnam / Annam enviándole una pancarta y un hacha, que eran símbolos ceremoniales de su cargo.

Catorce años después, en 923, la dinastía Liang Posterior se derrubó debido a los conflictos internos y los esfuerzos de un variado número de militares. Khuc Thua My envió una embajada al rey Han del Sur en un esfuerzo por agradecerle, pero esto no iba a funcionar después de más de dieciocho años de que la familia Khuc prometiera lealtad a la Liang Posterior. En respuesta a la embajada y los regalos de My, el rey Han del Sur, Liu Yan, escribió: "Usted, señor, siempre ha sido considerado como un mero pretendiente". Luego envió una fuerza que puso fin al gobierno de la familia Khuc en Vietnam.

En lugar de la familia Khuc, los Han del Sur pusieron a uno de sus vasallos, Duong Dinh Nghe, después de que comenzara una poderosa rebelión que amenazó con prolongarse durante años. Los Han del Sur le dieron el título a Duong Dinh Nghe, pero también enviaron funcionarios chinos para gobernar esencialmente entre bastidores.

Los chinos se referían a su tierra como el Reino Medio, ya que creían que el resto del mundo lo rodeaba y que estaba directamente debajo del cielo. También pensaban que otra gente era inferior a ellos. Esta actitud se refleja en las instrucciones que sus superiores dieron a los funcionarios chinos en Vietnam. Un funcionario chino dijo una vez, "la gente de'Jioazhi '[la antigua palabra china para Vietnam] es aficionada a la rebelión; simplemente puedes guiarlos con cabestro y brida, y eso es todo". Se les dijo que gobernaran a los "aborígenes" (los vietnamitas) indirectamente a través de los jefes tribales. Nuevamente, es importante señalar que estos jefes tribales no eran mujeres, porque China, a diferencia de Vietnam, era una sociedad dominada por hombres de arriba hacia abajo.

Duong Dinh Nghe, en la base de su familia en Ai (al sur del delta del río Rojo), se erigió como un caudillo local y gobernó el norte de Vietnam con mano de hierro, lo cual irritó a la gente. En 937, Duong Dinh Nghe fue asesinado y el asesino, el general Kieu Cong Tien, se erigió en el nuevo gobernante. El yerno de Nghe, Ngo Quyen, dirigió un ejército contra el asesino, que pidió ayuda a los Han del Sur.

Los Han del Sur enviaron una gran flota y soldados de al menos 20.000 hombres. Esta fuerza fue comandada por el príncipe Liu Hongcao, hijo del emperador Han del Sur, Liu Yan, que siguió a su hijo con fuerzas adicionales. El príncipe condujo su flota por el río Bach Dang, una rama norte del delta del río Rojo. Allí, Ngo Quyen había planeado una sorpresa.

La flota vietnamita estaba formada por cientos de pequeñas embarcaciones, la cual no era un rival para las embarcaciones chinas más grandes en una lucha justa en aguas abiertas. Aun así, el río Bach Dang era lo suficientemente ancho cerca del puerto marítimo de Hai Mon para que los chinos pudieran llevar el número necesario para atacar a los barcos vietnamitas. Para contrarrestar esto, Ngo había desarrollado un plan con mucha antelación: ordenó a su ejército que cubriera el lecho del río con grandes estacas afiladas, con puntas de hierro. Las colocaron en el agua durante la marea baja. Con la marea alta, el agua cubría las estacas y las hacía invisibles. Las mareas en el delta del río Rojo son fuertes y profundas; con la marea alta, los barcos chinos tenían espacio de sobra para sortear las estacas.

Los vietnamitas sabían que su enemigo tendría que navegar por el río Bach Dang para llegar al puerto de Hai Mon y usarlo como reabastecimiento y refuerzo. Mientras la flota china navegaba por la costa, los mensajeros vietnamitas mantuvieron informado a Ngo Quyen de su progreso. Cuando se acercó la marea alta, Ngo Quyen ordenó a su flota de pequeñas embarcaciones que hostigaran a los chinos mientras giraban hacia el río, atrayéndolos río arriba.

Los chinos, con arqueros alineados en las cubiertas, creían que podían derrotar a los vietnamitas en ese mismo momento, y los siguieron imprudentemente río arriba, momento en el que la marea alta se transformaba en marea baja. El agua se precipitó de regreso al mar, llevándose consigo a los grandes barcos chinos, cuyo tamaño hacía más difícil moverse contra la corriente. Cuando la flota china fue empujada hacia el mar por la marea, las miles de estacas empujadas hacia el fondo del río quedaron expuestas. Como resultado, cientos de barcos chinos sufrieron rupturas en sus cascos. Los barcos que no fueron dañados por las estacas se estrellaron contra otros, empeorando aún más la situación.

Los soldados chinos, con armaduras y sin entrenamiento se ahogaron de a cientos. Aquellos cuyos barcos se hundieron y se posaron en el lecho del río quedaron inmovilizados, pero no los cientos de barcos vietnamitas más pequeños. Rodearon a la flota china como un enjambre de abejas enfurecidas luchando contra un oso.

Los chinos perdieron más de la mitad de sus hombres y la mayoría de sus barcos. El príncipe chino fue asesinado. El emperador Han del Sur, que estaba siguiendo a la flota de su hijo, se enteró de la derrota y regresó a China. Ngo Quyen se nombró a sí mismo rey y gobernó desde la antigua fortaleza de Co Loa, que hoy se encuentra a unas dieciséis millas (24,5 kilómetros) al norte del centro de Hanoi.

Por el momento, Vietnam estaba libre del dominio chino.

Después de los Chinos: "Dai Viet"

Una vez que los chinos se fueron, Ngo Quyen llamó al área del norte de Vietnam "Dai Viet" o "Gran Viet". Los vietnamitas ya no vivirían en el "Sur pacificado" ni serían parte del "Ejército del mar pacífico". En cambio, ocuparían su lugar junto a China, aparentemente como un igual, al menos en la mente de Ngo y los vietnamitas.

La dinastía Ngo, que fue establecida por Ngo Quyen (que tomó el nombre imperial de Ngo Vuong, o "Ngo el Unificador") en 939, duró solo veintiséis años, y su fundador solo vivió cinco años después de la batalla de Bach. Dang. Antes de morir, nombró a su cuñado regente de su pequeño hijo, Ngo Xuong Ngap. Pero como ha sucedido tantas veces en la historia cuando un hombre mayor es nombrado cuidador del poder hasta que un príncipe alcanza la mayoría de edad, el cuñado de Ngo, Duong Tam Kha (uno de los generales durante la batalla del río Bach Dang), usurpó el trono, dándose a sí mismo un nombre imperial y nombró al hermano menor de Ngo Xuong Ngap (Ngo Xuong Van), su hijo adoptivo y heredero. Ngo Xuong Ngap sabía que le quedaba poco tiempo a menos que se escondiera, que es lo que hicieron él y varios de sus seguidores.

Duong Tam Kha demostró ser un gobernante muy impopular, y comenzaron muchas revueltas contra él, tanto en el campo como dentro de su propia corte y familia. En 950, su hijo adoptivo lo derrocó y lo obligó a exiliarse, para nunca regresar. Ngo Xuong Van luego fue a buscar a su hermano mayor y lo trajo de regreso a la corte para compartir el trono. Para muchos vietnamitas, esto era lo correcto y honorable, pero Ngo Xuong Ngap fue un gobernante rudo y pronto se convirtió en dictador en las provincias que supervisaba. Quizás lo más interesante de su gobierno fue su muerte: en 954 tuvo un infarto mientras tenía relaciones sexuales.

En 965, murió Xuong Van, y el hijo de Ngo Xuong Ngap, Ngo Xuong Xi, subió al trono, pero no estaba seguro de que permanecería allí por mucho tiempo. Los terratenientes y gobernadores de las doce provincias que componían Dai Viet estaban luchando entre ellos por el poder, y solo pasaría un corto período de tiempo antes de que el más fuerte de ellos viniera en busca de su trono y su cabeza. En la historia de Vietnam este episodio se conoce como el "Tiempo de la rebelión".

Desde 966 hasta 968, Vietnam se vería destrozada por rebeliones y pretendientes rivales al trono. En cada una de las doce provincias de Dai Viet, un señor de la guerra se erigiría como el gobernante absoluto con aspiraciones de más poder, pero la política y los juegos de poder de la época eran tan rápidos y cambiantes que ninguno de ellos podía ascender a la cima. Es por lo que a este período también se lo llama la "Anarquía de los 12 Señores de la Guerra".

Ilustración 8: Dai Viet y los reinos circundantes, c. 1000 d. C.

En 924, nacía de Dinh Cong Tru un hombre llamado Dinh Bo Linh, uno de los generales de Ngo Quyen, quien murió cuando su hijo era muy joven. La madre de Dinh llevó al muchacho a su aldea y allí lo educó, asistió a la escuela y se hizo un nombre como uno de los jóvenes más inteligentes de la región. Cuando alcanzó la mayoría de edad, se convirtió en soldado de uno de los doce señores de la guerra, Tran Minh Cong, quien pronto elevó al joven al rango de general.

Muy pronto, la habilidad de Dinh Bo Linh como soldado lo llevó a derrotar a los otros once señores de la guerra, y lo llamaron el "Rey de las Diez Mil Victorias". Cuando su benefactor y padre adoptivo, Tran Minh Cong, murió alrededor de 967, Dinh Bo Linh se apoderó de su territorio, que había sido el más fuerte de los doce.

En 968, los otros caudillos de Vietnam se habían sometido a Dinh Bo Linh o habían sido derrotados por él. Luego tomó el mando del país y lo rebautizó como Dai Co Viet, o "Gran Viet Budista". Aunque Dinh todavía modelaba el servicio civil a partir de los chinos, la propia marca de Buddhi sm de Vietnam pasó a la vanguardia en la vida vietnamita. También se casó con una mujer de la dinastía Ngo para ayudar a legitimar su gobierno.

Aunque Dinh Bo Linh había sometido a los otros señores de la guerra, su país era débil y estaba dividido después de tantos años de guerra civil. A pesar de que las tropas chinas habían sido del reino en 938 en la batalla del río Bach Dang, Vietnam aún vivía a la sombra de su vecino gigante y tenía que ser cauteloso. Sin embargo, Dinh Bo Linh se nombró a sí mismo emperador de Dai Co Viet y declaró que su país estaba libre de la "guía" china.

Estas relaciones con China cambiaron en 971 cuando una nueva dinastía china, los Song (960-1279), derrotó a los Han del Sur y estableció el dominio sobre la mayor parte de China. Reconociendo que este nuevo poder chino tendría que ser aplacado, Di nh Bo Linh envió una embajada al emperador Taizu de China. A cambio, los chinos reconocieron a Dinh Bo Linh como "Giao Chi Quan Vuong" ("Rey de Jiaozhi", que era lo que los chinos anteriormente habían llamado Vietnam). Sin embargo, Dinh Bo Linh pudo asegurar con el emperador Song un tratado de no agresión a cambio de un importante tributo a enviarse cada tres años. Esto aparentemente convertiría a Vietnam en un estado vasallo de China, y lo era a los ojos de China, pero Dinh Bo Linh todavía se llamaba emperador, no rey, de Vietnam y dirigía el país sin la interferencia china.

Durante el poco tiempo que estuvo en el poder, Dinh Bo Linh realizó una serie de reformas. Fortaleció el ejército y estableció un nuevo servicio civil con una jerarquía de oficiales militares y civiles. También hizo de la traición un delito punible, consistente en servir de alimento a un tigre enjaulado o ser hervido vivo. En 979, fue asesinado por un funcionario del palacio. Su hijo mayor también fue asesinado. Durante muy poco tiempo, el hijo menor de Dinh fue emperador, pero pronto fue derrocado por uno de los generales de Dinh, quien luego mató a muchos de los partidarios de Dinh en la corte y comenzó un romance con la viuda de Dinh. Este hombre era Le Hoan (se pronuncia "Lay Juan"), y en 980, se convirtió en el fundador de una nueva dinastía vietnamita conocida como la dinastía Le Temprana (para diferenciarla de la dinastía Le Posterior de 1428 a 1789).

Una de las primeros hechos que sucedieron tras la ascensión de Le al trono fue que la dinastía Song hizo planes para retomar Vietnam. Vieron las luchas internas dentro de las clases altas vietnamitas, y alrededor de este tiempo, el pueblo Cham del actual centro y sur de Vietnam comenzó a entrar en conflictos a pequeña escala con los vietnamitas a lo largo de sus fronteras.

Después de que Le Hoan asumiera el poder, las relaciones con China se complicaron. En una serie de cartas y misiones diplomáticas, él y los chinos entraron en juegos diplomáticos, incluyendo a Le Hoan mintiendo a los chinos que el hijo de Dinh Bo Linh seguía siendo el rey. Después de un año de frustración, los chinos habían tenido suficiente, y Le Hoan y su corte sabían que se acercaba la guerra.

Los chinos planearon un ataque en dos frentes sobre la capital de Le y, para ello, tuvieron que navegar por el río Bach Dang. Los Song aparentemente no recordaban o no sabían sobre la derrota de los Han del Sur allí en 938, pero Le Hoan sí la recordaba. Él planeó exactamente la misma bienvenida para los chinos que Ngo Quyen había tenido décadas antes, y los chinos cayeron en la celada nuevamente. Las fuerzas terrestres de la invasión china perdieron el rumbo y se dividieron en el inusual y accidentado terreno del extremo norte de Vietnam, donde fueron derrotados por los vietnamitas.

Todos los generales chinos supervivientes fueron ejecutados por el emperador Song a su regreso a la corte, y ese fue el final de los esfuerzos chinos por recuperar Vietnam durante algún tiempo. Le Hoan era lo suficientemente inteligente como para saber actuar desde una posición de fuerza, y envió diplomáticos a Song y él mismo recibiría a los diplomáticos de Song. Le Hoan aceptó antiguos títulos chinos, como "Gobernador de Annam" y "Gobernador militar del mar pacífico", para que los chinos salvaran las apariencias, pero se negó a inclinarse ante el embajador chino (que era esencialmente la representación del emperador) y marchó con su ejército frente al embajador en una clara señal de fuerza militar.

En el sur, el rey del pueblo Cham, Parameshvaravaran I, al ver que los vietnamitas estaban ocupados con los chinos, lanzó una invasión sobre Dai Co Viet. Su objetivo era tomar la capital de Hoa Lu, que se encuentra a unas ochenta millas (128 kilómetros) al sur de la actual Hanoi. Este esfuerzo fracasó cuando la flota de Cham fue destruida por una tormenta. Debido a que Le Hoan estaba ocupado con la amenaza más grande para los chinos. Song, envió diplomáticos a Parameshvaravaran I, con la esperanza de establecer la paz y buenas relaciones, pero esto fue rechazado. Cuando los chinos fueron derrotados, Le Hoan se volvió contra los Cham y saqueó su capital (el Cham siguió siendo una potencia en la región hasta que fue completamente derrotado por los vietnamitas en 1471).

Ilustración 9: Dibujo moderno de Le Hoan derrotando a la dinastía Song

Esto nos lleva a otro aspecto importante de la sociedad vietnamita de ese momento: una cualidad difícil de definir conocida como *phúc d'uc*. En términos generales, *phúc d'uc* significa "virtud" y la oportunidad de llevar una vida virtuosa llena de buenas obras. Alguien que tiene la cualidad de *phúc d'uc* es alguien a quien hay que seguir, no por temor a su poder, sino porque es una persona buena, justa y humilde. Y como es una persona buena, justa y humilde, es favorecida por los dioses o los espíritus. En cierto modo, *Phúc d'uc* es la versión vietnamita de Mateo 5:16: "Hagan brillar su luz delante de todos, para que ellos puedan ver las buenas obras de ustedes y alaben al Padre que está en el cielo".

Una vieja historia vietnamita dice que el primer líder de la dinastía Le temprana posee *phúc d'uc*. Según esta historia, antes de llegar al poder, Vietnam estaba plagado de problemas. Había bandidos en las carreteras, fuertes tormentas, malas cosechas y la amenaza de los chinos, entre otros. Según la historia, Le Hoan oró a los dioses, diciendo: "Soy una persona de poca virtud, pero soy el primero entre mi gente. Si me ayudas, gobernaré sabiamente. Si hay algo malo, no culpes a la gente por estas cosas, yo me culparé a mí mismo". Y cuando terminó, todo estaba bien, al menos según la tradición vietnamita.

Le Hoan reformó el gobierno y reorganizó el país. Los funcionarios y los ancianos de la aldea se hicieron cargo de comunidades más pequeñas, pero los hijos de Le Hoan fueron nombrados gobernadores provinciales con el poder de cobrar impuestos (desafortunadamente, también se les permitió tener ejércitos privados). Nombró a muchos monjes budistas como asesores y administradores en lugar del ejército de funcionarios confucianos que habían existido antes. Le Hoan construyó carreteras y canales, emitió monedas de bronce y construyó muchos templos nuevos y edificios gubernamentales.

Le Hoan, quien había tomado el nombre imperial de Dai Hanh, murió en 1005. Sus sucesores lucharon por el trono. Su sucesor inmediato, que construyó sobre la infraestructura de su padre, fue asesinado por su hermano, Le Long Dinh, quien fue el tercer y último emperador Temprano de Le. Le Long Dinh, cuyo nombre imperial era Khai Minh, también tenía una dolencia desafortunada que le dio otro nombre: Le Ngoa Trieu, que significa "el que gobierna mientras está acostado en su trono", esto se debió a que tenía un caso insoportable de hemorroides.

Le Ngoa Trieu fue extremadamente cruel, muy a la manera de los emperadores romanos Nerón y Calígula, ya que torturaba a prisioneros y otros para su entretenimiento personal. Durante los cinco años de su gobierno, también enfrentaría diez rebeliones en todo el país, sin duda en parte como reacción a su crueldad. Reprimió las rebeliones, pero, aun así, murió tempranamente. Esto se debió a su mala salud, probablemente provocada por su estilo de vida poco saludable.

En 1009 moría Le Ngoa Trieu. Se decía que el poder real residía detrás de la escena, en un hombre llamado Ly Cong Uan, que se ocupaba de la administración mientras el emperador comía hasta morir y asistía a orgías. Cuando murió Le Ngoa Trieu, la corte imperial decidió colocar en el trono a Ly Cong Uan, marcando el comienzo de la dinastía Ly (1009-1225).

Capítulo 4 - La Dinastía Ly

Uno de los primeros logros de la dinastía Ly fue su capacidad de respuesta a la gente común y su apertura de posiciones de poder en la administración a aquellos que no eran de origen noble o rico. Ly veía a las personas como sus hijos y, al igual que un padre, deseaba escuchar los deseos y problemas de sus hijos. Con este fin, se dice que puso una gran campana frente al palacio, y quien la tocara tenía derecho a llevar su problema directamente al emperador. Se desconoce con qué frecuencia se empleó esto o si es solo una historia sobre cómo los vietnamitas veían a Ly Thai To. Lo que se sabe es que el espíritu de Ly se encuentra entre los más honrados en el país incluso hoy, con templos y / o áreas especiales dentro de los templos dedicados al "Antepasado Supremo".

Uno de los logros más notables de Ly Thai To fue el traslado de la capital imperial desde el área de la fortaleza montañosa de Hoa Lu a lo que entonces se llamaba Thang Long (que significa "Dragón Ascendente"), la ubicación de la actual Hanoi.

Ilustración 10: Parte de Hoa Lu, la antigua capital imperial, que hoy es un sitio turístico

El traslado y la construcción de Hanoi fueron importantes. Hanoi se encuentra en una zona relativamente llana del país y está rodeada de ríos y vías fluviales. No es realmente una ciudad defendible, al menos no geográficamente. Sin embargo, económica y políticamente, el cambio de Hoa Lu a la actual Hanoi tiene mucho sentido. Las vías fluviales, los campos y el paisaje llano crearon más oportunidades económicas, y el paisaje llano, las nuevas carreteras y las vías fluviales hicieron que la comunicación política fuera más eficiente.

Los emperadores Ly se destacaron por sus creencias budistas y el patrocinio de templos, pero también vieron el valor del confucianismo y sus cualidades organizativas. En realidad, la mayoría de los historiadores ahora se refieren al confucianismo de esta época como neoconfucianismo, ya que a la filosofía china se le habían agregado nuevos escritos que hacían énfasis en los aspectos más prácticos de la vida. Las enseñanzas de Confucio también habían decaído hasta cierto punto en la década de 900 en China y solo se restablecieron profundamente en la corte con el surgimiento de la dinastía Song, de ahí el término "neo" o "nuevo".

Un emperador Ly posterior, Ly Thanh Tong, construyó en 1070 la primera universidad en Vietnam, la Academia Imperial. La universidad funcionaría como un centro de educación confuciano para hombres que no eran de familias nobles, y los preparaba para ambos, los exámenes para el servicio civil al estilo confuciano y para una vida en el gobierno. Los emperadores Ly fueron los primeros en basar su gobierno en leyes escritas en lugar del comando tradicional e imperial.

Las dinastías anteriores estuvieron marcadas por su dependencia de los militares para el poder, y los Ly tenían ejércitos considerables cuando era necesario. Sin embargo, basaron su imperio en la ley y la estabilidad económica. Esta es una de las razones por las que los Ly son recordados hoy con tanto cariño en Vietnam.

Aunque los Ly restaron importancia a la dependencia imperial de un ejército permanente, los siglos XII y XIII no fueron tiempos pacíficos en Vietnam ni en ninguna parte del mundo.

Al igual que otras dinastías vietnamitas anteriores, la dinastía Ly dependía en gran medida de la buena voluntad china y enviaba tributos periódicos al emperador chino. Los gobernantes vietnamitas también recibirían títulos de los chinos, que eran un honor, pero hasta cierto punto también eran un insulto. Dado que los chinos, en su mayor parte, no querían o no podían gobernar Vietnam directamente sin una invasión masiva, en general estaban satisfechos con recibir tributos de los vietnamitas. También esperaban ser tratados diplomáticamente de una manera que indicara su posición "superior". Dado que los vietnamitas cumplieron con esto, se los dejó libres para gobernar su reino como quisieran.

Sin embargo, entre 1075 y 1077, vietnamitas y chinos volvieron a librar una costosa guerra. Aproximadamente en la década anterior a la guerra Ly-Song, surgieron una serie de problemas en la frontera entre Vietnam y China. En un caso, un jefe tribal, cuyo territorio estaba en China, justo al otro lado de la frontera vietnamita, se levantó para proclamar su propio reino. Como se puede imaginar, este fue un error. Los chinos Song enviaron un ejército a la zona y aplastaron la rebelión.

El problema para los vietnamitas era doble. Gran parte del ejército Song permaneció en la frontera, y muchos de los que dejaron el ejército, junto con otros chinos, comenzaron a asentarse a ambos lados de la frontera. Otro grupo de exsoldados chinos comenzó a establecerse en áreas de China de las que los vietnamitas dependían (y permitían el acceso por un precio) para las importaciones. Los soldados comenzaron a negarles el acceso a la zona, lo que enfureció al gobernante vietnamita.

Además, en 1075, sus consejeros le dijeron al emperador Shenzong de Song que Dai Viet estaba siendo derrotado por el pueblo Cham en el actual Vietnam central y que solo tenía 10.000 hombres en su ejército. Al escuchar esto, Shenzong tomó acciones que seguramente enfurecerían a los vietnamitas. Primero, movilizó un ejército. En segundo lugar, ordenó que todo territorio bajo su mando no comerciara con los vietnamitas y bloqueó la entrada de mercancías vietnamitas en el Tíbet, al que Shenzong consideraba como parte de su imperio.

Para sorpresa del emperador Shenzong, el entonces emperador Ly, Ly Nhan Tong (e. 1072-1128), puso a dos de sus generales de mayor confianza al mando del ejército, que constaba de 100.000 hombres. La mayoría de estos hombres eran voluntarios, lo que indica la popularidad del Ly. Antes de que los chinos pudieran actuar, los vietnamitas invadieron China y en octubre de 1075, se apoderaron de dos prefecturas en la actual provincia de Guangxi.

El emperador chino solo se enteró de la invasión vietnamita a principios de 1076, después de lo cual envió refuerzos a la zona. Estos fueron derrotados por los vietnamitas. Para colmo de males, los vietnamitas decapitaron al gobernador local, luego marcharon a la ciudad grande más cercana, Yongzhou, y la sitiaron durante cuarenta y dos días, enfrentándose a una fuerte defensa. Cuando entraron en la ciudad, los vietnamitas se embarcaron en una ola de asesinatos, asesinando a casi 60.000 personas.

Para entonces, los Song habían acumulado un gran ejército, pero los vietnamitas se retiraron antes de que la batalla pudiera tener lugar por completo. Al mismo tiempo, el emperador Song llamó para atacar a los vietnamitas a sus otros estados vasallos, Champa (hogar de los Cham en el centro de Vietnam) y al Imperio Khmer (la actual Camboya y parte de Tailandia).

Los chinos entraron en Vietnam, capturaron al líder del ejército vietnamita que había decapitado a su gobernador y en 1077 marcharon hacia la capital vietnamita de Thang Long, cuando fueron detenidos por fuertes fortificaciones. Una vez más, los vietnamitas emplearon la misma trampa de púas de madera que tenían en el río Bach Dang, aunque esta vez en un lugar diferente. Consiguieron matar a más de 1.000 soldados chinos. Esto obligó a los chinos a tomar una ruta indirecta hacia la capital, donde se enfrentaron a los vietnamitas y los derrotaron cerca de Phu Luong.

En este punto, la situación se veía sombría para los vietnamitas y la dinastía Ly. Estaban rodeados en un círculo defensivo alrededor de la capital, frente a cientos de miles de chinos. Uno de los generales al mando, Ly Thuong Kiet, se paró ante sus soldados y leyó un poema para levantarles la moral. Este episodio y el poema, "Nam quoc son ha", son tan famosos para los vietnamitas como el dicho "No disparen hasta que vean el blanco de sus ojos" o el monumento Bunker Hill son para los estadounidenses o el "Nunca se le debe tanto a tan pocos por tanto", que Winston Churchill dijo a los británicos en la Segunda Guerra Mundial.

"Nam quoc son ha" significa "Montañas y ríos del País del Sur" y también se conoce como "la primera Declaración de Independencia de Vietnam ". Como muchos poemas traducidos a lenguas extranjeras, pierde algo en la traducción, pero tenga la seguridad de que, en la ocasión adecuada, el recitado del poema hará llorar a los vietnamitas (no hace falta decir que el poema se ha leído en momentos fatídicos de la historia vietnamita).

Las montañas y ríos que tallaron el imperio del sur donde habitó el Emperador del Sur. Su soberanía es la voluntad de la naturaleza y está escrita en la escritura del Cielo. ¿Qué les da a estos invasores el derecho entrar ilegalmente? ¡Al hacerlo, se verán derrotados y avergonzados!

A pesar de los esfuerzos vietnamitas por mantenerse fuertes, los Song rompieron las líneas vietnamitas y se acercaron a la ciudad antes de que los vietnamitas se unieran y los obligaran a cruzar el río. Al mismo tiempo, la defensa costera vietnamita y la flota de pequeñas embarcaciones atacaron y distrajeron a la flota china que intentaba acudir en ayuda de su ejército.

Los vietnamitas hicieron una apertura de paz con los Song. Las bajas vietnamitas iban en aumento, pero también las de los Song: habían perdido unos 400.000 hombres y cada día perdían más a causa de las enfermedades del clima cálido. En 1077/78 se redactó y firmó un acuerdo que dio a los Song algunas zonas fronterizas. Algunos años más tarde, las dos partes se reunieron nuevamente y llegaron a un acuerdo más permanente.

Los Ly también participaron en guerras en otros territorios y con reinos de la zona. Años antes de la guerra Ly-Song, en 1014, los vietnamitas fueron atacados por una combinación de rebeldes vietnamitas y un ejército del Reino de Dali, que tuvo la desafortunada suerte de estar entre China, Vietnam, el Imperio Khmer, los poderosos tibetanos y los Reinos Birmanos. Aun así, su ubicación y recursos lo hicieron lo suficientemente fuerte como para mantenerse relativamente independiente, aunque todavía era un vasallo de China, al igual que Vietnam.

Ilustración 11: El Reino de Dali hacia 1014

En 1014, el líder Dali y el rebelde vietnamita Ha Trac Tuan se aliaron y se trasladaron al territorio Ly en la actual provincia china de Yunnan y la provincia vietnamita de Ha Giang. Permanecieron en posesión de la región durante poco tiempo antes de que llegaran refuerzos vietnamitas y aplastaran la invasión.

Durante el reinado de la dinastía Ly, la paz y el conflicto ocurrieron de forma semirregular entre los Ly y los Cham al sur. Este aumentaría en los siglos venideros, a medida que el emperador y el pueblo vietnamita se expandían hacia el sur para albergar y alimentar a su creciente población.

Capítulo 5 - La Dinastía Tran

A principios de la década de 1200, la dinastía Ly estaba desordenada. Florecía el comercio con China y las relaciones en realidad eran mejores de lo que habían sido durante algún tiempo. Los chinos, aunque seguían viendo a Vietnam como un "vasallo", cambiaron el estatus de su vecino del sur del que llamaron un "vasallo interno" (es decir, que Vietnam era parte de China) a un "vasallo externo" (lo que significa que, aunque Vietnam pagaba tributos, tenía su reino con su rey, leyes y costumbres). Además, en 1172, el emperador chino enviaría impresionantes obsequios al emperador Ly no porque considerara al gobernante vietnamita como un igual, sino por las buenas relaciones entre los dos reinos. Como nota al margen, las dinastías chinas nunca vieron a nadie como un igual, lo que se convirtió en un verdadero problema cuando llegaron los europeos.

Dentro de Vietnam, durante el cambio de los siglos XII a XIII, las clases dominantes se habían vuelto bastante ricas gracias a la paz y el comercio con China y otros lugares. Algunas familias de clase alta, que tenían hijos en el ejército, en el servicio civil o sirvieron como monjes budistas influyentes y que tenían hijas que se casaban con otras familias importantes, no solo se hicieron ricas, sino también influyentes. Este fue el caso de la dinastía Lý, desde el nivel provincial hasta la corte del emperador.

Desde aproximadamente el año 1128, los hombres fuertes militares eran los poderes detrás del trono. La declinación de la dinastía Ly suele estar marcada con el ascenso al trono de Ly Cao Tong (r. 1175-1210).

Ly Cao Tong ascendió al trono a la edad de tres años, estando el reino gobernado por un regente en su nombre. Las luchas de poder internas tuvieron lugar durante ese período, con emperatrices, concubinas, príncipes y otras figuras influyentes compitiendo por el poder o incluso por el trono. En 1181, uno de estos príncipes dirigiría un ejército contra el emperador y saquearía la capital, aunque su golpe finalmente fracasó.

El gobierno de Ly Cao Tong refleja las historias de muchas familias monárquicas a lo largo de la historia y el mundo. Cuando llegó al trono, la familia Ly había estado en el poder durante más de 200 años. Los últimos reyes Ly y Ly Cao Tong, en particular, se interesaron cada vez más en vivir una vida de exceso que en administrar adecuadamente su reino.

Durante su reinado, Cao Tong se destacó por construir palacios y pagodas en casi todos los lugares a los que iba, gastando el dinero que debía emplearse en gobernar el país y prevenir la hambruna, que golpearía varias veces durante su reinado. Los gobernantes de todo el mundo saben que la hambruna es una de las garantías más seguras de problemas políticos y rebeliones, por lo que durante el reinado de Ly Cao Tong se produjeron múltiples levantamientos.

Algunos de estos levantamientos fueron menores y localizados, pero otros fueron más grandes y destructivos. Los años 1192, 1198, 1203, 1208 y 1210 vieron grandes rebeliones.

Mientras Cao Tong construía pagodas y palacios para el placer, una poderosa familia llamada Tran ganaría influencia en la corte y en toda el área del delta del río Rojo. Su líder, Tran Ly, era un rico pescador del extremo oriental del río Rojo, donde se encuentra con el océano. Además de pescar, los Tran también eran piratas y se apoderaban de los barcos más débiles a lo largo de la costa. Esta piratería trajo riqueza a la zona, y a la familia Tran gastó su dinero sabiamente, no solo ayudando a mejorar el área, sino también comprando influencia en la corte.

Junto con su uso juicioso del dinero, la familia Tran también utilizó una forma tradicional de ganar influencia: casarse con miembros de la familia real. La hija de Tran Ly, Tran Thi Dung, se casó con el príncipe heredero Ly y en 1210 se convirtió en el emperador Ly Hue Tong. A pesar de la muerte de Ly Cao Tong, el campo todavía estaba asolado por rebeliones y desorden. Y aunque el país tenía un nuevo emperador, esta vez la familia Tran, aun lo dirigía detrás de escena, específicamente la nueva reina, sus hermanos y su primo, un hombre llamado T ran Thu Do, quien también era el amante de la reina.

En 1224, el último emperador Ly, Hue Tong, abdicó del trono en favor de su hija de siete años, habiendo ya concertado el matrimonio con Tran Thu Do el sobrino de ocho años. La niña fue "convencida" de abdicar en favor de su "esposo", y él se convirtió en el primer emperador de la nueva dinastía Tran.

Cuenta la leyenda que Tran Thu Do se acercó a Ly Hue Tong y le dijo: "Las cosas viejas deberían desaparecer". Poco después se suicidó. Al año siguiente, los miembros restantes de la familia Ly se reunieron en un templo budista para sopesar sus opciones y orar por sus antepasados. Tran Thu Do hizo que sus hombres rodearan el templo y mataran a los últimos miembros restantes de la familia Ly.

El primer emperador Tran fue Tran Thai Tong (r. 1226-1258), el niño de ocho años mencionado antes, aunque era esencialmente un testaferro. Su padre era el regente, pero era su tío, Tran Thu Do, quien gobernaba el país.

Anteriormente, mencionamos la noción vietnamita de *uy tin*, la idea de que una persona puede tener cualidades carismáticas y positivas que la gente elige honrar y seguir. La idea de *uy tin* encaja muy bien con muchos ideales budistas, como el desinterés y la humildad. Esta cualidad, junto con las cualidades de *phúc d'uc* ("virtud"), la poseían, o al menos se decía que la poseían, personas como Ngo Quyen, el vencedor de la batalla del río Bach Dang, y Le Hoan, el fundador de la dinastía Le Temprana.

Por el contrario, Tran gobernó con *Te*, la noción de gobernar con poder. Dado que esta es una palabra china, los vietnamitas identificaron el concepto con el chino gobernante.

Entre las primeras cosas que hizo Tran Th u Do fue atacar el budismo. La influencia del budismo en el gobernante Ly había estado en declinación desde aproximadamente 1210. Este es, casualmente, el momento en que la familia Tran comenzó a tomar el poder en la corte.

Las tres diferentes sectas budistas zen prevalecientes en Vietnam pasaron de moda, tanto con la muerte de algunos de sus maestros mayores, como con la muerte de sus monjes en la corte. La corte de Tran también comenzó a retirar su apoyo a muchas de las sectas y templos budistas, y los funcionarios budistas que fallecían o eran expulsados fueron reemplazados por confucianos.

El ascenso de los Tran marcó un lento retorno de la influencia de China y el confucianismo. Otra de las primeras cosas que hizo la dinastía Tran fue reintroducir los exámenes para servicio civil por sobre los clásicos chinos, lo que no se había hecho desde antes del 1100. Estos exámenes no se realizaban a intervalos regulares, sino a discreción de la familia gobernante. Sin embargo, la familia Tran realizó más de estos exámenes a medida que continuaba su gobierno. En la práctica, esto significaría que la administración del imperio vietnamita estaba dirigida por hombres educados y entrenados en la tradición china, no por los vietnamitas.

Los Tran también redujeron las posibilidades de que se tramaran complots complicados, que habían marcado los últimos años de la dinastía Ly, de los que la familia había formado parte. Hicieron reglas que reducían la capacidad de los suegros para acceder al poder, y también mantuvieron el poder en la familia alentando el matrimonio de primos entre sí, lo cual de ninguna manera fue único, ya que esto ocurría en las familias gobernantes en Asia y Europa.

Los primeros cien años de los Tran estuvieron marcados por la prosperidad y la alta producción agrícola, la cual se vio favorecida por un período de cambios climáticos suaves con lluvias abundantes, pero no excesivas. Allí donde la lluvia causaba inundaciones, los Tran construirían un sistema de diques, que ayudaría tanto a la agricultura como al transporte.

Durante este período, la mano de obra fue barata. En una época de creciente prosperidad y producción agrícola, las familias ricas empleaban a miles de siervos en sus propiedades. Estas personas no eran del todo esclavas, pero tampoco eran libres. Los siervos estaban vinculados a la familia terrateniente y tenían muy pocos derechos. A los campesinos se les permitiría poseer tierras y un gran número de campesinos se convirtieron en terratenientes de tamaño mediano, pero los que no tenían tierra estaban sujetos a ser acorralados y apresados para la servidumbre. Este había sido el caso a lo largo de la historia de Vietnam, pero aumentaría durante la dinastía Tran, a medida que más y más tierras se dedicaban a la agricultura, especialmente en el valle del río Rojo.

Una de las cosas interesantes que hicieron los gobernantes Tran cuando llegaron al poder por primera vez tuvo que ver con una antigua práctica espiritual conocida como geomancia. Puede ser que la mayoría de los lectores occidentales no estén muy familiarizados con ella, pero es posible que sepan un poco al respecto si han oído hablar de la práctica china del feng shui. El feng shui es la ubicación intencionada de un edificio, una casa, muebles y ventanas, entre otras cosas, porque se cree que es un punto de "poder" o de alguna manera funcional. Ahora bien, el feng shui no es realmente geomancia, pero está relacionado con ella. Por definición, la geomancia es el "arte de colocar o arreglar edificios u otros sitios de manera auspiciosa" y "la adivinación a partir de configuraciones que se ven en un puñado de tierra arrojada al suelo, o mediante la interpretación de líneas o texturas en el suelo".

Los geománticos vietnamitas estudiaron el diseño del terreno, así como la ubicación planificada de un edificio (especialmente palacios y templos) y quizás, lo que es más importante, tumbas. Las creencias populares vietnamitas incluyen el culto a los antepasados (al igual que el budismo y el confucianismo). Los antepasados fueron la razón de su existencia y, en pocas palabras, los "cuidaron". Si los cuidaran (es decir, los veneraran de la manera adecuada y les aseguraran una tumba que fuera fortuita y poderosa), ellos se ocuparían de ustedes.

Existen todo tipo de pautas para el entierro adecuado de un miembro respetado de la familia según su año de nacimiento y la ubicación circundante. Por ejemplo, las personas nacidas en los años del Tigre, Perro o Caballo deben enterrarse (en la dirección de la cabeza a los pies) de cara al este o al oeste. El sur está bien, pero se dice que el norte trae mala suerte. Por otro lado, los nacidos en los años del Cerdo, Gato o Cabra deben enterrase mirando al norte o al sur, pero nunca al oeste.

Además, las tumbas no deben colocarse en áreas con suelo insuficiente o demasiada agua, ya que existe peligro de erosión. Los árboles que son demasiado grandes tampoco son buenos. Aparte del peligro de que las raíces después de un tiempo caven en una tumba, se cree que los árboles grandes provocan dolencias estomacales y pectorales a los parientes vivos cercanos. Se necesita una buena fuente de luz, lo que significa que la tumba no debe estar en un lugar donde la sombra da muy a menudo (por ejemplo, al pie de una colina o montaña).

Cuando la familia Tran llegó al poder, recorrieron y reclamaron para sus tumbas y las de sus descendientes tantos lugares propicios como pudieron. Las personas que ya estaban enterradas y cuyo lugar no le gustaba a la familia Tran, como los emperadores anteriores, fueron enterradas de nuevo en lugares menos propicios.

Hasta que los franceses colonizaron Vietnam, realmente no había una ciudad en el lugar donde se encuentra hoy Saigón / Ciudad Ho Chi Minh. Existían dos asentamientos muy grandes: uno al norte y otro más al sur, con mucha tierra y agua entre ellos. Cuando los llegaron franceses, comenzaron a construir en el área entre estos dos antiguos asentamientos, sin darse cuenta de que había (al menos en las mentes vietnamitas) una buena razón para el espacio vacío. Según la geomancia tradicional, los dos asentamientos, Gia Dinh al norte y Cholo n al sur, estaban ubicados en lugares propicios. Cuando los franceses comenzaron a construir el resto de lo que se convertiría en Saigón / Ciudad Ho Chi Minh, construyeron entre los asentamientos, que estaba en un lugar "malo" según la geomancia tradicional (si está interesado en obtener más información sobre geomancia, al final de este libro encontrará una buena fuente de información sobre esta y sobre la creencia del efecto de esta ubicación en la guerra de Vietnam que sostienen algunos vietnamitas).

Cuando la familia Tran llegó al poder, lo primero que tenían que hacer era encontrar la manera de llevarse bien con China, algo que los gobernantes vietnamitas han estado haciendo desde el principio de los tiempos.

En su mayor parte, la dinastía Ly había tenido relaciones bastante buenas con China, y los chinos se preguntaban si la dinastía Tran mantendría esta relación. La corte Song incluso discutiría si sería mejor o no que los chinos invadieran Vietnam, se deshicieran de la familia Tran y colocaran a un emperador títere en el trono vietnamita. Sin embargo, como indican algunos documentos de la época, los diplomáticos creían que en muchos sentidos cualquier invasión de Vietnam sería demasiado costosa. A algunas tropas chinas se les había permitido entrar en Vietnam bajo la dinastía Ly para proteger los intereses chinos, pero algunos funcionarios chinos creían que incluso esto era demasiado.

A continuación, se muestran algunas citas del superintendente de comercio marítimo de la provincia de Fujian, en el sur de China. Ocupar "Jioazhi", que los chinos todavía llaman Vietnam, sería "extremadamente caro" y también que "el gobierno de nuestra actual dinastía, por afecto al ejército ... consideró aconsejable que nuestras tropas ya no se mantengan en ese pestilente clima con el fin de proteger un territorio tan poco rentable ". Estos son extractos de un mensaje escrito en 1206. Podrían haber sido escritos fácilmente por un estadounidense en 1966.

Probablemente fue una buena idea que los Song mantuvieran a la mayor cantidad de tropas en casa en el año 1200, aunque, al final, no les serviría de nada. La razón de esto es bastante simple: los mongoles.

Ilustración 12: Recreadores contemporáneos que retratan a los soldados del ejército mongol, los conquistadores del imperio terrestre más grande de la historia

Los mongoles ya tenían el control de gran parte de la estepa asiática y el Medio Oriente, y a finales del siglo XIII estaban avanzando hacia los límites de Europa. En la quinta década del siglo XIII, los mongoles, bajo el mando del más famoso de los nietos de Genghis Khan, Kublai, se adentraron en el norte de China y obligaron a los líderes de la dinastía Song a huir hacia el sur con sus ejércitos, muchos de ellos a Vietnam y otros a partes más remotas de China.

En 1257, los mongoles habían llegado a las fronteras del sur de China. Enviaron una demanda a la dinastía Tran: déjenos entrar para destruir los ejércitos Song restantes o sufrir las consecuencias. El emperador Tran Thai Tong se negó y, cuando lo hizo, los mongoles cruzaron la frontera.

El 17 de enero de 1258, las fuerzas mongoles, que sumaban alrededor de 15.000 hombres, se enfrentaron al ejército vietnamita. No se sabe cuan grande era su ejército, pero incluía 200 elefantes de guerra. El ejército vietnamita estaba dirigido personalmente por el emperador en su elefante. Al principio, los mongoles estaban asombrados por los elefantes, pero el general mongol Uriyangkhidai ordenó a sus hombres que dispararan todas sus flechas a los pies expuestos de los elefantes. Las enormes bestias entraron en pánico, aplastando a muchos vietnamitas y provocando una confusa retirada vietnamita. Tran Thai Tong escapó en barco a una isla cercana a la costa de Hanoi (entonces conocida como Thang Long). Cinco días después, los mongoles tomaron la capital vietnamita.

Algunas fuentes dicen que Uriyangkhidai abandonó Vietnam debido al mal clima, que estaba afectando a su ejército. Otros dicen que se fue porque persiguió a las fuerzas Song en retirada hacia China en la frontera occidental de Vietnam.

Los Song fueron derrotados en 1276. En ese momento, los vietnamitas habían establecido una relación con los mongoles, muy similar a la que habían tenido con las dinastías chinas anteriores. Todo lo que los mongoles pedían era un tributo y, a cambio, les permitirían a los vietnamitas quedarse solos.

Inmediatamente al sur de Dai Viet se encontraba el reino de Champa, que fue el siguiente foco de atención de los mongoles. En 1281, una misión diplomática mongol visitó al rey Champa, Indravarman V, y exigió la sumisión de los Cham a Kublai Khan. El rey Champa estuvo de acuerdo, pero lo hizo bajo coacción y porque muchos de sus asesores lo presionaron para que llegara a un acuerdo. Muy pronto, Indravarman organizó un ejército para luchar contra los mongoles, que invadieron a principios de la primavera de 1282.

Los mongoles invadieron Champa con una pequeña fuerza de 5.000 hombres y 100 barcos. El tamaño relativamente pequeño de la fuerza mongola (especialmente su armada) se debió a las pérdidas que habían sufrido en la segunda invasión al Japón en 1281 (la primera, en 1274 había terminado en un fracaso). El rey Indravarman, que era un guerrero viejo, pero astuto, y su hijo llevaron a su ejército a las colinas y bosques del centro de Vietnam después de tender una emboscada a los mongoles y librar una guerra de guerrillas contra ellos durante dos años. Los mongoles finalmente abandonaron el país en 1284 para conseguir refuerzos.

A finales de 1284 y principios de 1285, los mongoles reforzaron su ejército del sur e invadieron Vietnam con la idea de conquistarlo al igual que el reino de Champa. En enero de 1285, una vez más, los mongoles invadieron Vietnam y avanzaron hacia su capital, capturándola después de una serie de costosas batallas. Los vietnamitas se retiraron hacia el sur hacia Champa y hacia el oeste a las montañas, destruyendo todo lo que pudiera ser útil para los perseguidores mongoles.

Durante los meses siguientes, los mongoles intentaron hacerse de elementos de las fuerzas vietnamitas en una serie de movimientos de pinza, incluido un desembarco anfibio en la parte sur del reino. También tenían la intención de capturar al emperador vietnamita, que ahora era Tran Nhan Tong, pero fracasaron en todas las ocasiones, aunque un gran número de príncipes Tran menores desertaron, pasándose a los mongoles.

Unos meses más tarde, los vietnamitas lanzaron un ataque sorpresa contra los mongoles en Thang Long desde el oeste y el sur, y obtuvieron una serie de impresionantes victorias, a las que contribuyeron el clima y las enfermedades. A mediados de 1285, los mongoles habían huido de Vietnam y habían perdido a decenas de miles de hombres, que fueron capturados y asesinados. Incluso su principal general fue ejecutado por los vietnamitas.

Lo que sucedió después es realmente asombroso. Kublai Khan, quien estaba decidido a invadir Japón por tercera vez, decidió concentrar todas sus energías en Dai Viet y, en 1288, envió una enorme flota hacia el sur para invadirlo, comenzando por la capital vietnamita. Para hacerlo, su flota navegó sobre todo por el río Bach Dang.

Ilustración 13: La Tercera Batalla del Río Bach Dang, 1288

Kublai Khan y sus generales aparentemente no conocían su historia porque, como ya habrá adivinado, durante la marea alta los vietnamitas atrajeron a la flota mongola río arriba. Cuando la fuerte marea retrocedió, la flota mongola fue arrastrada hacia el océano, y en las aguas cada vez menos profundas, sus barcos fueron arrastrados sobre largos postes de madera con puntas de metal clavados en el barro. Los barcos que no se hundieron por los postes chocaron con otros barcos mongoles. Muchos se hundieron y muchos quedaron en tierra. Mientras tanto, los soldados vietnamitas les dispararon miles de flechas y catapultas desde ambas orillas. Y así fue como terminó la tercera y última invasión mongola de Vietnam.

Después de las invasiones mongolas, hubo un período de paz y prosperidad. Los primeros miembros influyentes de la dinastía Tran, Tran Ly y Tran Thu Do, eran de origen relativamente humilde (eran pescadores) y no tenían una educación formal. Los emperadores Tran posteriores y sus cortes fueron conocidos por sus logros en las artes, como la poesía, la caligrafía, la pintura, la música y el teatro. Gran parte de la poesía y el drama de la corte de Tran se centraría en el patriotismo y la victoria de Tran sobre los mongoles. No lo hacían solo para entretenimiento, sino también para propaganda, ya que reforzaba la dinastía Tran a los ojos de la gente e infundía un sentido de orgullo nacional.

La dinastía Tran también cambió la forma en que se usaba la lengua vietnamita. Antes de los Tran, todo estaba escrito en chino. El vietnamita era el idioma hablado por la gente y se usaba en la historia oral, pero el chino se consideraba el idioma más "educado y civilizado". La dinastía Tran comenzó a utilizar la lengua escrita vietnamita en prácticamente todo y alentaría su uso generalizado en el país. Esta se conocía como *chu nom* ("caracteres del sur"), que eran caracteres chinos modificados y adaptados a las palabras vietnamitas. Esta también fue una forma de separar la cultura vietnamita de la china y ponerla en pie de igualdad. Esto también estimuló el registro de historias orales vietnamitas y cuentos populares en el idioma nativo. Durante esa época, se escribió el primer almanaque médico vietnamita en *chu nom*. La dinastía Tran también fomentó las artes escénicas, como el teatro y la danza. Muchos de ellas, al igual que las historias escritas de la época, se establecieron sobre bases nacionalistas y patrióticas.

Durante la segunda y tercera décadas del 1300, la dinastía Tran se enfrentó al cambio, y gran parte de este se debió al cambio climático. En la primera parte de la década de 1300, Vietnam y gran parte de Asia padecerían un clima mucho más cálido y una lluvia mayor de lo normal. Esto provocó inundaciones que destruyeron cultivos, lo que provocó hambre y otras tragedias humanas. Surgieron rebeliones y levantamientos contra la familia Tran, especialmente en el sur y el oeste del país, que estaban lejos del centro del poder Tran en el delta del río Rojo. Sin embargo, la dinastía Tran logró aferrarse al poder.

La primera parte de la década de 1300 estuvo marcada por fuertes lluvias y temperaturas más altas, pero el resto del siglo se caracterizó por el comienzo de lo que los historiadores del clima conocen como la Pequeña Edad del Hielo, que trajo temperaturas más frías y sequías a muchos lugares alrededor del mundo. Una vez más, los Tran se enfrentaron a problemas más allá de su control, ya que la sequía afectó las cosechas y provocó disturbios

Es importante señalar que los vietnamitas, junto con los chinos, suscribieron la noción del Mandato del Cielo. Esto es similar, pero no igual, a la idea del derecho divino en Occidente. En pocas palabras, tener el Mandato del Cielo significaba que el gobernante tenía la bendición de los dioses (o espíritus, o Buda o cualquier poder superior que el gobernante atribuyera a eventos fortuitos. Entonces, cuando las cosas comenzaron a ir mal, se creyó que El Mandato del Cielo había sido eliminado y debería ser entregado a otra persona. En el 1200, estaba claro que la dinastía Tran tenía el Mandato del Cielo: subieron al poder, unieron el país, derrotaron a los mongoles y disfrutaron de un florecimiento de las artes y un período de prosperidad, que comenzó a cambiar con los problemas que surgieron en el 1300, siendo el principal la escasez de alimentos, pero también hubo otros problemas, como la corrupción, ya sea financiera o moral.

Los tres primeros emperadores después de las invasiones mongolas, Trần Anh Tông, Trần Minh Tông y Trần Hiến Tông, disfrutaron de períodos de relativa paz y prosperidad. Trần Anh Tông, en particular, fue visto como una fuerza para el bien, que reprimía la corrupción en la corte y el juego en el país. Estos gobernantes Tran también promovieron el budismo como una forma de aumentar la virtud y disminuir el vicio en el país.

La dinastía Tran también introdujo una noción interesante en la forma en que se elegían y entrenaban a los emperadores vietnamitas. A medida que envejecían, elegirían a su heredero, y este no tenía por qué ser un hijo. Con frecuencia, era un yerno. De cualquier manera, el "futuro emperador" sería preparado durante algún tiempo, y cuando el emperador mayor y la corte consideraran que era el momento, el heredero se convertiría en emperador. Entonces el anciano se retiraría a medias a un palacio más pequeño dentro del complejo imperial y se convertiría en el emperador "retirado" o "sabio".

El reinado de Tran Anh Tong (1293-1314 como emperador, 1314-1320 como emperador retirado) también estuvo marcado por relaciones relativamente amistosas con el reino de Champa en el sur. Recuerde, había diferencias considerables entre los cham y los vietnamitas, ya que son dos personas étnicamente diferentes. Por ejemplo, los Cham descendían del pueblo austronesio de las islas del Pacífico y practicaban el hinduismo. En ocasiones, como cuando los mongoles los invadieron, los vietnamitas y los cham lucharon juntos. En otras ocasiones, estarían luchando entre ellos por la tierra, los recursos o ambos de manera encarnizada.

Pero en 1306, las relaciones entre el reino de Champa y Dai Viet eran buenas. El rey de Champa, Simhavarman III, estaba ansioso por lograr una relación más sólida con los vietnamitas, ya que los cham se enfrentaban a enemigos en el oeste y también a los poderosos jemer de la actual Camboya. Simhavarman III le ofreció a Tran Anh Tong partes del territorio que limitaban con Dai Viet a cambio de tomar a una princesa vietnamita, Tran Huyen, como esposa. Ansioso por ganar territorio y formar una alianza que pudiera resultar útil de nuevo, Tran Anh Tong aceptó y el trato quedó cerrado.

Sin embargo, un año después, Simhavarman III murió, y como lo exigía la práctica hindú en ese momento, la corte de Champa se preparó para enviar a Simhavarman III al otro mundo cromándolo. Lo acompañaría su esposa, la princesa vietnamita Tran Huyen. Tran Anh Tong quien envió a uno de sus generales a Cham para recobrar a

Huyen Tran, y lo logró (la literatura vietnamita tiene muchas historias sobre este general, Tran Khac Chung, huyendo con la princesa Huyen, pero la mayoría son muy ficticias).

Al año siguiente, Simhavarman IV, el nuevo rey de Champa informó a los vietnamitas que no iba a acatar el tratado de paz firmado por su padre, y los vietnamitas los invadieron, capturando al rey de Champa y nombrando un sucesor más amistoso. A partir de entonces, las relaciones entre los dos reinos se deterioraron.

Los Cham y los vietnamitas lucharon en un serio conflicto en 1471 en el que los Cham fueron derrotados, perdiendo la mayor parte de su ejército y tierra. La mayoría de los Cham supervivientes huyeron a Camboya, donde formaron una pequeña minoría, como lo son hoy en Vietnam. Después del conflicto, dos reinos títeres Cham, que eran de pequeño tamaño, permanecieron hasta 1653 y 1832, respectivamente.

La decadencia de los Tran

En 1357, un nuevo emperador tomó el poder: Tran Du Tong. Cuando estaba bajo la tutela del emperador mayor Tran Minh Tong, parecía apto para el trono, ya que era reservado y trabajador. Sin embargo, después de la muerte de Tran Minh Tong, Tran Du Tong se volvió extravagante gastando generosamente en su corte y la construcción de palacios. Aunque bajo la dinastía Tran floreció el teatro, lo que, en retrospectiva, era algo bueno para ese momento, las artes escénicas se consideraban extravagantes y casi pecaminosas. Esto no fue exclusivo de Vietnam. Durante varios momentos de la historia japonesa, el teatro y sus actores fueron objeto de represión, y en muchas partes de Europa, la actuación se consideraba una forma casi pecaminosa de ganarse la vida, ya que uno era percibido como un "mentiroso" profesional.

Cuando Tran Du Tong murió a la temprana edad de treinta y tres años, su lugar fue reemplazado por el que había designado, un sobrino que no fue visto como parte de la familia Tran propiamente dicha. Este sobrino, Duong Nhat Le, también fue extravagante en sus gastos y descuidó sus deberes como emperador, lo que dejó mucho tiempo para que quienes lo rodeaban conspiraran contra su impopular gobierno.

En el transcurso de los siguientes veinte años, el trono cambió de manos varias veces, incluso por asesinato, y los vietnamitas fueron derrotados bastante mal por los Cham, aunque una victoria sobre ellos en 1390 estabilizó la situación durante un tiempo.

A finales de la década de 1390, un funcionario judicial llamado Ho Quy Ly llegó al poder. Siguieron una serie de movimientos de poder, incluidos los complots del emperador Tran para marginar a Ho Quy Ly, pero esto no sirvió de nada cuando falleció en 1394. El siguiente emperador apenas si pudo mantener el poder, y en 1398, Ho Quy Ly lo obligó a abdicar en favor del hijo del emperador de tres años. Fue asesinado un año después por orden de Ho. Casi otros 400 funcionarios judiciales y personas consideradas leales al Tran también fueron asesinadas por orden de Ho Quy Ly. Luego, Ho Quy Ly se hizo del trono, alegando ser descendiente de la familia real original del pueblo Yuet en China.

La nueva dinastía Ho tuvo una vida muy corta. En 1407, después de librar una serie de guerras impopulares contra el reino de Champa, Ho Quy Ly tuvo que enfrentarse a una nueva dinastía china, la Ming, que había reemplazado a la dinastía Yuan de los mongoles. En 1407, los chinos invadieron Vietnam con una fuerza abrumadora, capturaron a Ho Quy Ly y lo enviaron al exilio en China.

Durante veinte años los chinos gobernarían Vietnam directamente. En 1428, el tercer emperador Ming, el emperador Yongle, decidió que Vietnam era demasiado costoso y problemático para gobernar y retiró sus tropas, dejando atrás un vacío de poder y mucha destrucción, incluida la destrucción de muchos textos, templos, monumentos vietnamitas. y otros importantes objetos culturales.

Capítulo 6 - La Dinastía Le Posterior

La dinastía Le duraría desde 1428 hasta 1789. Durante un tiempo, la familia Le gobernó directamente como emperadores de Vietnam, pero fueron suplantados por facciones enfrentadas, individuos poderosos y la llegada de los europeos a Asia en forma de franceses.

En 1428, el emperador Yongle retiró las tropas chinas de Vietnam. Como se mencionó al final del capítulo anterior, había decidido que la ocupación y administración de Vietnam eran demasiado costosas en términos financieros y políticos. Le ayudó en esa decisión el fundador de la dinastía Le Posterior, Le Ly (r. 1428-1433), que había dirigido una larga campaña de guerrillas contra los chinos. Hoy se le conoce como "Le Loi", por razones que se explicarán luego.

Ilustración 14: Estatua de Le Loi frente a la sala municipal de la provincia de Thanh Hoa, su hogar (por Nguyễn Thanh Quang - Obra propia, CC BY-SA 3.0 Licencia Creative Commons- BY El beneficiario de la licencia tiene el derecho de copiar, distribuir, exhibir y representar la obra y hacer obras derivadas siempre y cuando reconozca y cite la obra de la forma especificada por el autor o el licenciante. SA El beneficiario de la licencia tiene el derecho de distribuir obras derivadas bajo una licencia idéntica a la licencia que regula la obra original

Como probablemente pueda ver en la imagen anterior, Le Loi es una figura legendaria en Vietnam. Se le atribuye no solo el haber expulsado a los chinos del país, sino también el haber llevado a Vietnam por su propio camino, libre en su mayor parte de la influencia china. La historia del origen de Le Loi es similar a la de los héroes de muchos países, por lo que es difícil separar la verdad de la ficción. Pero a veces, en la historia, esa diferencia no importa tanto.

Le Loi pertenecía a una familia aristocrática rica. Se dice que un hombre mayor y sabio de otra familia importante, Nguyen Ty, buscaba a alguien de buena reputación (alguien con *phúc d'uc*) para liberar a Vietnam del dominio chino. Incluso en su adolescencia, Le Loi ya tenía fama de justo e inteligente, y Nguyen Ty le convenció para que guiara al pueblo vietnamita hacia la libertad. O al menos eso dice la historia.

Otro dato interesante sobre Le Loi es que su nombre era realmente Le Ly. Verá, la palabra "Ly" significa "beneficio" en vietnamita. Según una antigua costumbre china/vietnamita, nadie podía decir el nombre del emperador, ni siquiera escribirlo. Como la palabra "Ly" era una palabra cotidiana, había que encontrar una solución. Así, su nombre se cambió de "Ly" a "Loi", al igual que el carácter vietnamita. Cuando subió al trono, Le Loi adoptó el nombre de Le Thai To.

Una de las cosas más importantes que hizo Le Loi fue eliminar de la vida vietnamita casi todos los rastros de la ley china. Su corte y la de su hijo redactaron un código legal vietnamita basado en las tradiciones, costumbres y las reglas de dinastías vietnamitas anteriormente "independientes", como la dinastía Temprana Le. Esto se conoció como el código de Hong Duc.

Le Loi también emitió una proclamación declarando la independencia de Vietnam, que a veces se lee en las fiestas nacionales y se cita a menudo en tiempos de problemas nacionales. Aquí están las primeras líneas:

Nuestro Gran Vietnam es un país donde abunda la prosperidad. Donde la civilización reina suprema.

Montañas, ríos, fronteras, todos se han dividido;

Porque las costumbres son distintas: Norte y Sur.

Trieu, Dinh, Ly y Tran

Construyeron nuestra nación,

Mientras que Han T'ang, Sung y Yuan

Gobernaron sobre los suyos.

A lo largo de los siglos,

Hemos sido a veces fuertes, y a veces débiles,

Pero nunca nos han faltado héroes.

Que nuestra historia sea la prueba de eso.

Aunque el código de Hong Duc se basaba principalmente en las tradiciones e ideas vietnamitas, la dinastía Le basó la administración de su gobierno en las estructuras confucianas, o más bien neoconfucianas, con una jerarquía basada no solo en la aristocracia, sino también en los exámenes de la administración pública. Le Loi murió en 1433, y pasó los dos últimos años de su reinado luchando contra las tribus de las montañas del oeste y el norte de Vietnam, con diversos grados de éxito. Dejó a su hijo, Le Nguyen Long (más conocido por su nombre imperial "Le Thai Tong"), una guía para gobernar basada en la virtud y la diligencia, advirtiéndole contra los vicios, como las mujeres, el juego y los gastos lujosos. Le Loi también le dijo a su hijo que no se rodeara de aduladores y que escuchara a los demás sin aceptar sobornos.

En cierto modo, el código de Hong Duc era la carta de Le Loi a su hijo trasladada a la ley. Era un conjunto de leyes y estatutos notablemente modernos. Por ejemplo, el código permitía a las mujeres heredar riquezas y propiedades en pie de igualdad con los hombres, algo que no habían podido hacer bajo la ley china. El código también incluía la inmunidad conyugal (el derecho de un cónyuge a no tener que testificar contra su marido/esposa), castigos para el estupro, leyes prohibidas ex post facto, estatutos de limitaciones y mucho más. Antes de su muerte, Le Loi se dedicó a redistribuir las tierras entre sus seguidores y los antiguos funcionarios que le habían jurado lealtad, así como a reformar los códigos de propiedad y agricultura.

Le Thai Tong está considerado como el más grande de los emperadores Le. Además de presidir muchos de los cambios mencionados, también amplió el territorio vietnamita. El primer periodo Le incluyó un movimiento llamado Nam tien, ("la marcha hacia el sur"), durante el cual tanto la nación como el pueblo vietnamita se expandieron hacia el sur desde sus fronteras tradicionales, que terminó con China en el norte, la zona montañosa de Laos al oeste y el reino de Champa al sur.

Obviamente, los vietnamitas que deseaban expandir las fronteras no iban a hacerlo hacia el norte. Al oeste, la tierra era montañosa; era fácil de defender para las tribus y clanes de allí, y tampoco incluía mucha tierra cultivable. Eso dejaba una dirección, hacia el sur, hacia el reino de Champa, con sus fértiles campos, bosques y ricas zonas de pesca.

A finales de 1470, comenzó otro conflicto entre los vietnamitas y los cham. Desgraciadamente para los Cham, su ubicación los dejó bastante aislados de cualquier ayuda contra los vietnamitas más fuertes. Los únicos que podrían haber ayudado a los cham eran los chinos, pero cuando los cham les pidieron ayuda, el emperador chino se limitó a escribir una severa carta a Le Thanh Tong, en la que esencialmente decía que China no iba a interferir. Los cham también pidieron ayuda a los jemeres vecinos, pero fueron rechazados, ya que los dos reinos habían librado recientemente sus propias guerras entre sí.

La fuerza vietnamita que invadió el reino de Champa fue masiva. De hecho, en ese momento era la mayor de Asia, excluyendo a China. Casi 300.000 vietnamitas, divididos en una fuerza anfibia y otra terrestre, invadieron el reino de Champa y derrotaron al pequeño ejército champa de 100.000 hombres. Gran parte de Champa se incorporó al reino vietnamita y muchos cham fueron esclavizados por los vietnamitas. La guerra terminó con la derrota total de los Cham, pero debido al alto costo financiero de la guerra, los Cham solo se quedaron con un puñado de zonas autónomas en su antiguo imperio, que debían pagar tributo a los vietnamitas. Los vietnamitas se apoderaron de todas las antiguas rutas comerciales de los Cham y Vietnam se extendió desde su frontera con China hasta el delta del Mekong.

Cuando Le Thai Tong murió en 1442 tras casi nueve años en el poder, la dinastía Le comenzó un lento declive.

A principios del siglo XVI, la dinastía Le había visto un gobernante débil e ineficaz tras otro. El país se estaba desmoronando y el pueblo cayó en una guerra civil a principios de la década de 1520. Dentro de la corte, había varias facciones y subfacciones compitiendo por el poder. Dos de las familias más poderosas eran los Trinh y los Nguyen. Vieron como un hombre fuerte militar ascendía al poder. Su nombre era Mac Dang Dung.

Los líderes de las dos poderosas familias huyeron al sur y se llevaron al emperador con ellos para que no cayera bajo el control de Mac Dang Dung (y para que siguiera bajo el suyo). En 1524, Mac Dang Dung capturó a los líderes de las dos familias y los mandó a matar. A continuación, proclamó un nuevo emperador, Le Xuan, pero solo era emperador de nombre. Mac Dang Dung era el poder detrás del trono y estableció un sistema muy parecido al del shogunato japonés, pero solo duraría unos años hasta que decidió ocupar el trono él mismo. Entonces mató a todos los miembros de la familia real Le que pudo conseguir y en junio de 1527 proclamó una nueva dinastía, la de los Mac.

Al sur de Hanoi se encuentra la provincia de Thanh Hoa (lugar de nacimiento de Le Loi), y fue aquí donde se desarrollaron gran parte de los combates. Tras la muerte de gran parte de la familia Le, un gran número de familias ricas y aristocráticas de Vietnam se unieron a las familias Trinh y Nguyen para luchar contra el dominio Mac. La lucha contra la dinastía Mac se libró ostensiblemente en nombre de la dinastía Le, pero la mayoría sabía que, si las facciones Trinh y Nguyen derrotaban a los Mac, solo sería cuestión de tiempo que las dos familias lucharan entre sí.

Durante los siguientes sesenta años, Dai Viet estuvo en guerra consigo mismo. Las facciones ascendían y descendían. Los generales y los miembros influyentes de la familia ascendieron a la cima solo para ser asesinados. Cambiaron de bando, se traicionaron unos a otros e involucraron a tribus no vietnamitas en la lucha. En un momento dado, Mac Dang Dung pidió ayuda a la dinastía china Ming, cediéndole tierras en el norte a cambio de la promesa de no volver a intervenir en Vietnam una vez terminada la guerra civil. Finalmente, los chinos enviaron algo de ayuda y tropas, pero Vietnam era un atolladero, y se retiraron para ocuparse de los problemas en otras partes de su imperio. Hay que recordar que los chinos no se retiraron de Vietnam porque no pudieran derrotar a los vietnamitas militarmente -su ejército era mucho, mucho más grande que cualquier cosa que los vietnamitas hubieran podido reunir. Se retiraron por las mismas razones que antes: el coste, la oposición política dentro de la corte china y los problemas en otras partes de sus territorios. Estos son los mismos problemas que se producirían en el siglo XX cuando Occidente, en forma de Francia y Estados Unidos, se involucrara en Vietnam.

Cuando los Mac fueron finalmente derrotados en 1592, Vietnam, en el transcurso de unos pocos años, se dividió. La historia detallada de las razones de esto ocuparía (y ha ocupado) miles de páginas en historias mucho más largas y exhaustivas sobre Vietnam. Para nuestro propósito aquí, vamos a mantenerlo simple: la parte norte de Dai Viet se convirtió en el territorio de la familia Trinh, y la parte sur se convirtiera en el territorio de los Nguyen.

Los mapas de las páginas siguientes pueden ser útiles para comprender el crecimiento y las divisiones de Vietnam en el siglo XVI.

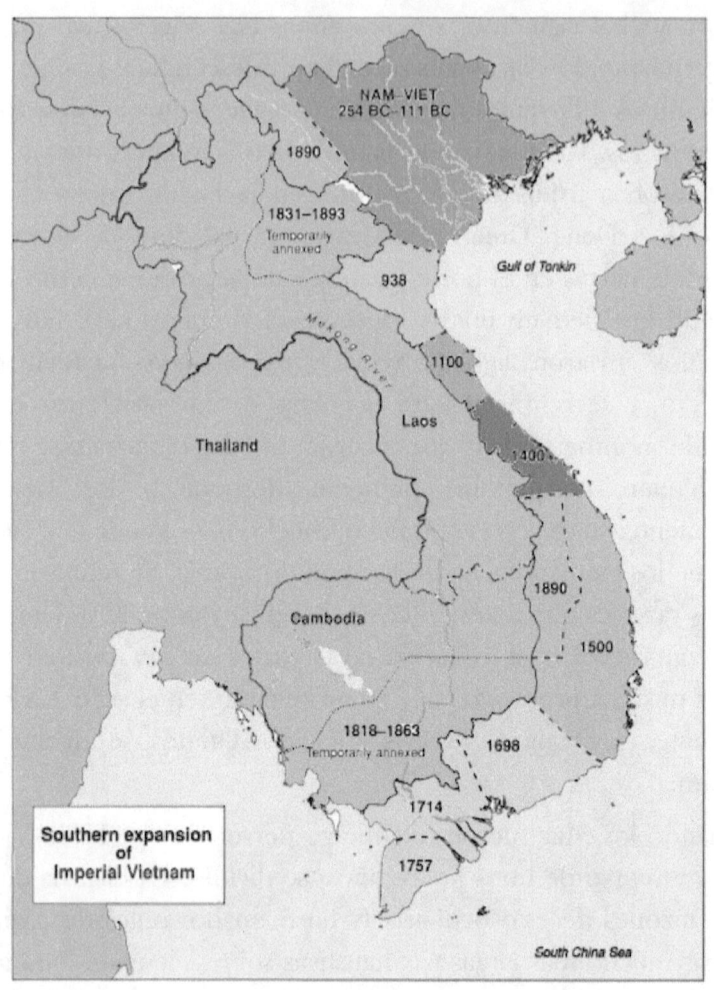

Ilustración 15: Vietnam a través de los tiempos, 200 a. C.-1800 (Dominio público)

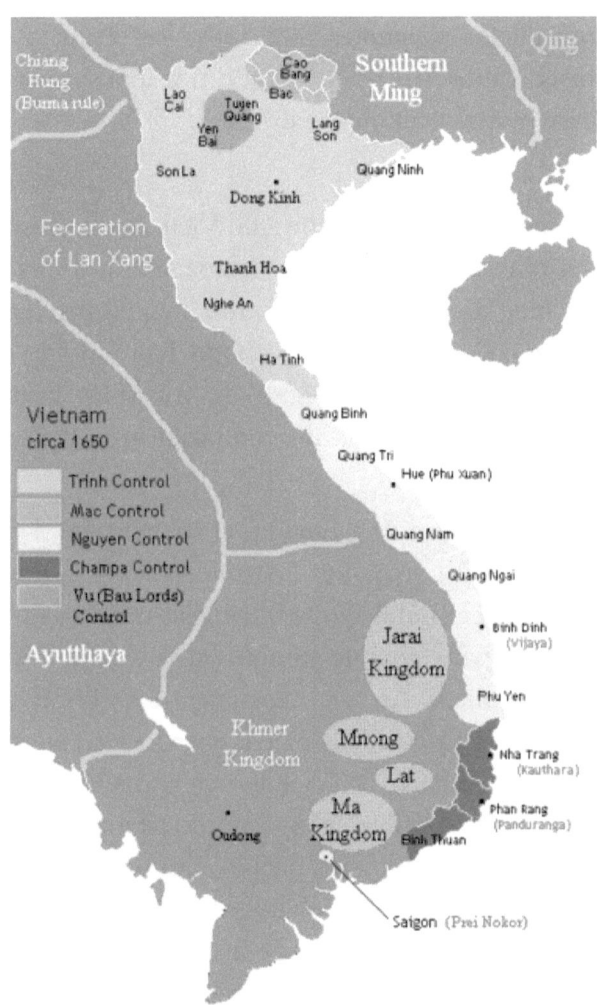

Ilustración 16: Las divisiones de Vietnam en el siglo XVII. Como se puede ver, los Mac conservaban un pequeño territorio en la frontera china. Los Vu eran señores tribales en las tierras altas defendibles (Dominio público)

A lo largo de los siguientes 300 años, los Trinh y los Nguyen lucharon por el control del país. En raras ocasiones, trabajaron juntos cuando se enfrentaron a amenazas externas.

Los Trinh

Como se puede imaginar, el norte de Vietnam, que estaba bajo los Trinh, estaba muy influenciado por China. Parte de esta influencia provenía de China directamente en forma de quid pro quo. Como se ha visto a lo largo de este libro, los chinos han influido en Vietnam desde el principio de la historia registrada, y bajo los Trinh, la cultura china era dominante en forma de confucianismo, taoísmo, la ley y muchas otras cosas.

La creciente influencia de China en el Vietnam de Trinh provocó un cambio en la vida vietnamita. Algunos de ellos eran evidentes, como la ley, el servicio público y las creencias religiosas y espirituales. Sin embargo, gran parte de este cambio en la vida de los vietnamitas del norte fue gradual. A nivel nacional, los Trinh gobernantes introdujeron cada vez más ideas chinas, pero en respuesta a esto, el poder en la vida cotidiana de Vietnam se trasladó al nivel local/de pueblo. Con el tiempo, se llegó a un acuerdo tácito: los Trinh dejarían que las aldeas gestionaran sus propios asuntos siempre que los aldeanos enviaran a sus hijos a defender los intereses de los Trinh en tiempos de guerra. El mismo tipo de acuerdo se aplicaba también a los impuestos (de forma general, ya que Vietnam seguía siendo una sociedad feudal, y los grandes terratenientes tenían el poder de gravar). Lo único que pedían los Trinh era que pagaran lo que debían y, a cambio, los Trinh los dejaban en paz. Sin embargo, a veces los impuestos eran demasiado onerosos, lo que provocaba revueltas.

Los Trinh utilizaron una rama sobreviviente de la familia Le para mantener las apariencias y la imagen de continuidad, pero los emperadores Le bajo los Trinh eran meras figuras, ya que los diversos jefes militares Trinh tenían el poder real.

Los intelectuales y las figuras religiosas vietnamitas se retiraron con el ascenso de las ideas chinas en la corte y las clases altas de los Trinh. Las clases intelectuales de eruditos y monjes no guiaron las decisiones políticas bajo los Trinh, como lo habían hecho con otros gobernantes en diversos grados. Los Trinh gobernaban utilizando el *Te* (poder). Para la mayoría de los vietnamitas de la época, todos los gobernantes Trinh carecían de esa cualidad vietnamita única del *phúc d'uc*.

Uno de los poemas vietnamitas más famosos sobre los Trinh fue escrito bajo su gobierno. El poema, "Sam Trang Trinh", de Nguyen Binh Khiem, lamenta que Vietnam (al menos en el norte) no fuera gobernado por la virtud y la sabiduría, sino por el poder, la intimidación, el dinero y la muerte. Los escritos de Nguyen Binh Khiem son tratados por muchos vietnamitas (especialmente en la comunidad de exiliados) como una especie de profecía, que predice las condiciones que deben darse en Vietnam para que caiga el comunismo.

Los Nguyen

En el centro y el sur de Vietnam, los Nguyen gobernaron, haciéndolo de forma muy diferente a los Trinh. Por supuesto, a veces, la familia gobernante recurriría a la coerción y al uso del poder puro y duro para mantener su posición, pero a diferencia de los Trinh, los Nguyen adoptaron las costumbres vietnamitas y mantuvieron la influencia china lo más reducida posible.

Además de promover y fomentar el budismo y las creencias populares vietnamitas, los Nguyen también controlaban una parte mucho más cultivable del país, así como las rutas de pesca que vigilaban celosamente. En pocas palabras, los Nguyen estaban en mejor situación que los Trinh.

Los Nguyen también utilizaron su dinero para intentar anular la única ventaja que tenían los Trinh: el número. Como se sabe, la parte norte de Vietnam era/es la más antigua, ya que había sido colonizada miles de años antes de la partición entre los Nguyen y los Trinh. Obviamente, esto daba a los Trinh una ventaja militar, y los Nguyen estaban decididos a anular esa ventaja. Lo hicieron de la misma manera que el gobierno estadounidense en el siglo XIX cuando colonizara tierras en el oeste de Estados Unidos: las regalaron o las vendieron a muy bajo precio.

De 1627 a 1672 y de nuevo de 1774 a 1775, los Trinh y los Nguyen lucharon entre sí por el control de Vietnam. En estas guerras, los Nguyen tenían una serie de ventajas. En primer lugar, estaban a la defensiva (los Trinh no podían expandirse hacia China, al norte, y la tierra al oeste prácticamente no tenía valor). En segundo lugar, las batallas tenían lugar principalmente en los lugares más estrechos de Vietnam, lo que dificultaba el movimiento y las maniobras de los grandes ejércitos. En tercer lugar, los Nguyen poseían ciudades fuertemente fortificadas en la zona, lo que va unido a la última ventaja de los Nguyen: tenían contacto con los europeos. Los europeos suministraron a los Nguyen pequeñas, pero eficaces, cantidades de armas de fuego, así como el entrenamiento para utilizarlas (curiosamente, la ayuda militar europea en tierra fue principalmente para los Nguyen. Sin embargo, los holandeses suministraron un pequeño número de barcos a los Trinh, mientras que los chinos suministraron barcos a los Nguyen. En 1643, los Nguyen, en sus barcos chinos, derrotaron a los Trinh en sus buques europeos).

Entre 1653 y 1656, los Nguyen lanzaron una invasión del norte que, al principio, parecía destinada a tener éxito, pero que finalmente fracasó debido al liderazgo del general Trinh y gobernante de facto Trinh Tac. Los Nguyen fueron empujados de vuelta a su propio territorio, y la guerra continuó en un estancamiento. Los Trinh intentaron empujar hacia el sur una vez más en 1672, pero fracasaron, y en 1673, las dos partes acordaron una tregua. Por su parte, los Nguyen reconocieron al emperador Le, patrocinado por los Trinh. Por otro lado, los Trinh aceptaron detener sus planes de invasión y dejar que los Nguyen gobernaran el sur como quisieran.

Al final, ninguno de los dos bandos "ganaría". En la década de 1770, estalló una rebelión en el sur bajo el mando de los hermanos Tay Son, que destituyeron al gobierno Nguyen en el sur con la ayuda de los Trinh. Sin embargo, diez años más tarde, atacarían y eliminarían a los Trinh en el norte.

Capítulo 7 – Llegan los Europeos

Los primeros europeos que llegaron a Vietnam en número fueron los misioneros portugueses que venían de sus misiones en la India en el siglo XVI. Estos misioneros dominicanos fueron recibidos con poco entusiasmo por los vietnamitas y no se quedaron.

Unas décadas más tarde, comenzaron a llegar misioneros católicos. Se trataba principalmente de misioneros jesuitas, muchos de los cuales habían trabajado anteriormente en Japón, pero habían sido expulsados por el primer shogun, Tokugawa Ieyasu, en 1614, cuando la nación cerrara las puertas a prácticamente todos los extranjeros. Los primeros jesuitas eran una mezcla de sacerdotes y hermanos (monjes) italianos, españoles y portugueses, pero fue un francés, un sacerdote llamado Alexandre de Rhodes, quien tuvo el mayor impacto en Vietnam.

De Rhodes nació en 1593 en Aviñón, en la actual Francia. En aquella época, Aviñón estaba bajo el dominio directo del papa y de la Iglesia católica. A los veinte años, De Rhodes se fue a Roma para comenzar lo que creía que era su vocación: el trabajo misionero. Pasó doce años en Roma con la Compañía de Jesús, también conocida como la Orden de los Jesuitas, que había sido fundada por Ignacio de Loyola en 1540.

Los jesuitas eran considerados los más celosos de todos los misioneros católicos, y con frecuencia se involucraron en la política, no solo en Europa, sino también en los países que "visitaban" como misioneros. Se han hecho muchas críticas a los jesuitas, y muchas de ellas se las merecen. Sin embargo, también estaban entre los hombres más cultos e innovadores de su época.

En general, los jesuitas, a diferencia de sus hermanos de otras órdenes (los franciscanos y los dominicos), intentaron enseñar el cristianismo de una manera que tuviera sentido para la población local. También conocieron su cultura en lugar de imponerles la cultura europea. Esta fue una de las razones de su asombroso éxito en muchas zonas del mundo. Desgraciadamente, también fue una de las razones de su caída, ya que las otras órdenes se pusieron celosas de las incursiones de los jesuitas en las poblaciones indígenas.

Alexandre de Rhodes era un hombre que quería aprender sobre el pueblo con el que compartía la palabra de Dios. Cuando llegó al Vietnam controlado por los Nguyen, estudió el vietnamita con un jesuita portugués llamado Francisco de Pina, que llevaba tiempo allí y que había desarrollado una escritura basada en el latín para la lengua vietnamita. Pina era políglota y no solo conocía el vietnamita, sino que también hablaba con fluidez el japonés. Escribió un libro en latín sobre la gramática japonesa que sirvió de base para otros europeos. Pina estaba entre el puñado de jesuitas que predicaban y estudiaban en la primera iglesia católica permitida en Vietnam. Esto fue en Danang, en la costa sur-central del reino.

Cuando de Rhodes llegara en 1624, organizó la enseñanza de la doctrina cristiana católica en Vietnam, y la fe comenzó a extenderse lentamente en el país. Para fomentar la difusión del catolicismo, de Rhodes tradujo y adaptó el catecismo católico al vietnamita. Por ejemplo, la obra comienza con la frase "El camino del Virtuoso Señor del Cielo" en lugar de referencias a Jesucristo, del que los vietnamitas no tenían conocimiento. El catecismo fue el primer libro escrito con caracteres latinos vietnamitas. De Rhodes también escribiría el primer diccionario vietnamita-portugués-latín, que se publicó en Roma en 1651.

Durante tres años De Rhodes estudió y trabajó en Danang antes que lo enviaran al norte, a la región de Hanoi (entonces Thang Long), en 1627. Durante tres años, De Rhodes trabajó en la corte del rey Trinh, Trinh Trang muy cerca de ella. Según los informes, convirtió a unos 6.000 vietnamitas a la fe católica y escribió un devocionario llamado Ngam Mua Chay, que trata de la Pasión de Cristo y que hoy sigue siendo popular entre los católicos vietnamitas.

De Rhodes fue expulsado del territorio de los Trinh en 1630, pero no porque los Trinh estuvieran demasiado intranquilos por la propagación de la fe, aunque no dejaba de ser una preocupación. A Trinh Trang le preocupaba más que De Rhodes fuera un espía de los gobernantes del sur de Vietnam, los Nguyen. Entonces De Rhodes se trasladó a la concesión portuguesa de Macao, donde vivió y trabajó durante los diez años siguientes. Regresó a Vietnam alrededor de 1640 y difundió su mensaje durante seis años antes de que el rey Nguyen, Nguyen Phuc Lan, determinara que el catolicismo era una amenaza para el país y condenara a muerte a De Rhodes. Esta sentencia fue conmutada, y De Rhodes fue expulsado del país, para no volver jamás. Sin embargo, se calcula que en 1640 se habían convertido 80.000 vietnamitas en el sur y otros tantos en el norte. Una de las razones de este éxito fueron los esfuerzos de De Rhodes. Además de evangelizar, De Rhodes le escribió a los obispos asignados a Vietnam y al sudeste asiático, destacando su éxito y el hambre de los vietnamitas por cristianismo. También se dirigió a las compañías comerciales francesas y españolas para obtener fondos. Siguió haciéndolo cuando regresó a Roma tras su expulsión de Vietnam.

El cristianismo nunca llegó a ser más que una considerable minoría en Vietnam, pero era influyente, especialmente en el sur. Aunque la fe tuvo éxito entre todos los estratos de la sociedad vietnamita, muchos conversos pertenecían a las clases altas, y muchos eran mujeres. Hay que recordar que Vietnam, a diferencia de China y muchas naciones asiáticas (aunque no todas), era un lugar donde las mujeres tenían un gran poder. Además, la religión popular vietnamita siempre ha hecho hincapié en el papel de la "Ten Mao", la vieja madre santa que vela por todas las cosas.

Hacia el año 1600, el seguimiento de la Virgen María se había extendido por todo el catolicismo. No siempre había sido así, pero a finales de la Edad Media, María era vista como una figura intercesora de los seres humanos ante Dios.

Si usted recuerda, el mito de la creación vietnamita involucraba a un espíritu/hada femenina llamada Âu Cơ. Casi desde el principio de los tiempos los vietnamitas han adherido a las ideas del yin y el yang ("oscuro y luminoso"). Esta idea, originada en China hace milenios, hace hincapié en el equilibrio del universo, siendo el "yin" el principio femenino y pasivo y el "yang" el principio masculino y activo.

En el siglo XVII, muchos religiosos empezaron a creer que el yin y el yang estaba desequilibrado, con el principio yang ascendente, lo que significaba que se ponía demasiado énfasis en las ideas de poder, voluntad y fuerza. También creían que la idea tradicional vietnamita del *phúc d'uc* ("virtud") se había pasado peligrosamente a un segundo plano. Con la llegada del cristianismo y, como decía De Rhodes, del "Virtuoso Señor del Cielo", que se sacrificó por el pueblo, algunos vietnamitas vieron una forma de volver a tiempos mejores en los que el mundo estaba más equilibrado. Para ellos, la Virgen María podría ser una iteración del "Diez Mao".

Alexandre de Rhodes nunca fue enviado de regreso a Vietnam. En cambio, fue enviado a Persia para difundir la palabra allí, y allí murió en 1660.

Ilustración 17: Estatua de De Rhodes en el exterior de una iglesia católica de Vietnam en la actualidad (i). Pintura contemporánea de De Rhodes, década de 1600 (d)

Capítulo 8 – Nuevos Poderes Nuevas Divisiones

La primera parte del siglo XVIII fue una época de paz en Vietnam. Los Trinh, en el norte, y los Nguyen, en el sur, se las arreglaron para llevarse bien desde 1700 hasta 1765, pero en ese último año, las cosas empezaron a cambiar para peor en el país.

En el sur, murió el señor gobernante Nguyen, Nguyen Phuc Khoat. Su sucesor fue el hijo de doce años de una de sus concubinas. En su lugar, un regente impopular gobernó las tierras de los Nguyen, que se vieron envueltos en guerras con el pueblo jemer, en la actual Camboya, así como con los siameses (tailandeses), con los que se disputaban el control de Camboya.

Estas fueron guerras impopulares y costosas, que debilitaron considerablemente el dominio Nguyen. En 1769, el gobernante siamés lanzó una poderosa ofensiva para recuperar el control siamés/tailandés de Camboya. En ese momento, Camboya incluía las provincias más meridionales del actual Vietnam, al sur de la ciudad de Ho Chi Minh. Al debilitarse los Nguyen, los Trinh del norte vieron la oportunidad de ampliar su territorio e invadieron el sur (para ser más exactos, la parte central del actual Vietnam).

Sin embargo, en las montañas del sur de Vietnam surgía un nuevo poder. Se trataba de los Tay Son. El nombre proviene de la aldea de la que procedían los hermanos. En realidad, los Tay Son eran tres hermanos que se apellidaban Nguyen (sin relación con la familia gobernante, aunque eso no hace las cosas menos complicadas a la hora de seguir los nombres). Sus nombres de pila eran Nhac, Lu y Hue, de los cuales Hue llegó a ser el más poderoso e influyente.

El momento de la rebelión era el adecuado, ya que la guerra iba mal para los Nguyen. No solo eso, sino que la corte Nguyen estaba en manos de un regente impopular. Muchos vietnamitas de todas las clases consideraban que el gobierno Nguyen era cada vez más corrupto e ineficiente. El imperio de la ley se estaba desmoronando y las bandas de bandidos eran los gobernantes de facto de muchas zonas del país.

A lo largo de la historia, los líderes tribales y de las aldeas que han enarbolado la bandera de la revuelta se han presentado como "hombres del pueblo", y solo han tomado las armas a regañadientes contra el gobierno cuando no había otra opción. Así ocurrió con los Tay Son en 1772. Organizaron no solo a su extensa familia y a su clan, sino también a la gente pobre de los alrededores y a las tribus de las zonas más remotas del sur y de las tierras altas occidentales.

El objetivo manifiesto de los Tay Son era restaurar al emperador Le, luchar contra la corrupción y reducir el poder de los ricos terratenientes mediante la redistribución de la tierra y la reforma de las leyes feudales. En el plazo de un año, los Tay Son, dirigidos por Nguyen Hue (que era el hermano mediano o el más joven), habían vencido a los ejércitos Nguyen que habían sido enviados al oeste para derrotar la rebelión.

Ilustración 18: Estatua moderna de los hermanos Tay Son en Vietnam (por Ba_anh_em_nhà_họ_Nhạc.JPG: El cargador original fue Liftold en la Wikipedia vietnamita. Obra derivada: Phó Nháy (talk) - Ba_anh_em_nhà_họ_Nhạc.JPG, CC BY-SA 3.0)

Al año siguiente, los Nguyen estaban en serios problemas. Los Tay Son habían tomado un importante puerto del sur y se habían ganado a los comerciantes ricos de la zona. Los Nguyen habían hecho las paces con los siameses, pero a costa del territorio recién conquistado, lo que enviaba un mensaje de debilidad tanto a sus partidarios como a sus enemigos. Para empeorar las cosas, los Trinh invadieron la parte norte del reino Nguyen y se apoderaron de su capital, Hue. Los Nguyen se vieron obligados a trasladar su capital y sus fuerzas a Saigón y la zona cercana, pero eso no hizo más que agravar sus problemas, ya que entonces se vieron obligados a ceder a los Tay Son gran parte de las tierras del sur que estaban lejos de la costa.

En 1776, el último bastión de los Nguyen fue tomado por los Trinh, y casi toda la familia Nguyen fue asesinada, un miembro que escapó y huyó a Tailandia en busca de ayuda. Los Tay Son pasaron a gobernar la mayor parte del sur. El hermano mayor, Nhac, se proclamó emperador, en contra de los deseos del hermano más poderoso, Hue. Los Trinh declararon inmediatamente la guerra a los Tay Son.

Aunque estas potencias estaban técnicamente en guerra, en la década siguiente ambas partes reforzaron sus posiciones en lugar de entrar en una guerra total. En 1785, los Tay Son, dirigidos por Hue, derrotaron a un ejército invasor siamés, que estaba encabezado por el último miembro que quedaba de los Nguyen.

Para el año 1786, los Trinh eran considerablemente más débiles que antes. Al igual que los Nguyen, su gobierno se había deteriorado y muchos en el país lo consideraban corrupto e ineficaz. Al ver esto, los Tay Son invadieron las tierras de los Trinh y derrotaron al ejército Trinh en una última batalla decisiva. El rey Trinh y su familia huyeron a China, y Hue se casó con la princesa Le, Le Ngoc Han, lo que le permitió entrar en la familia real. El hermano de Hue, Lu, murió en 1787, dejando a los otros dos hermanos compitiendo por el control. Al final, tras muchas maniobras políticas y una breve batalla, los hermanos acordaron repartirse el país entre ellos. Sin embargo, Nhac moriría en 1788, dejando sus territorios a Hue.

Si recuerdan, antes en este libro, les dijimos que los franceses comenzaron a referirse a gran parte de Vietnam como "Annam". Lo hicieron porque así habían oído llamarlo en China. Desde el punto de vista vietnamita, este era un insulto, ya que "Annam" significa el "Sur pacificado". Los hermanos Tay Son, Nhac y Lu, habían gobernado el antiguo territorio Nguyen en el sur, que era, para ellos, el "sur pacificado". Cuando los franceses utilizaron el término, los vietnamitas lo tomaron como una conquista extranjera.

Ilustración 19: División de Vietnam, a finales del siglo XIX. El azul gobernado por Hue, el oro por Nhac y el verde por Nguyen Anh

Como puede ver en el mapa anterior, el extremo sur de Vietnam estaba gobernado por el último de los reyes Nguyen, Nguyen Anh. Había recuperado el poder con la ayuda de los siameses y se había asegurado el control de la zona sur. En el transcurso de los años siguientes, conseguiría la ayuda de los franceses en su intento de recuperar no solo las antiguas tierras Nguyen, sino también el resto de Vietnam. Le ayudaría la temprana muerte del hermano más fuerte de los Tay Son, Hue, en 1792. Los sucesores de los Tay Son no fueron rivales para los ejércitos de Nguyen Anh, ya que se les unieron los franceses, los siameses y la dinastía Qing de China. En 1793, Nguyen Anh derrotó a los Tay Son restantes, que se vieron relegados a un espacio cada vez más reducido en el centro del país.

En 1802, después de haberse dado a sí mismo otros títulos a medida que ganaba victorias, Nguyen Anh se proclamó emperador de todo Vietnam, lo cual era la primera vez que ocurría. Sorprendentemente, los chinos le reconocieron como tal. Nguyen Anh se dio a sí mismo el nombre imperial de "Gia Long" (se pronuncia "Zy-ah Lawn"). Este nombre era una combinación de los antiguos nombres vietnamitas de Hanoi y Saigón (Thang Long y Gia Dinh, respectivamente), simbolizando que su gobierno iba de norte a sur.

Cuando Gia Long llegó al poder, comenzó, como otros lo habían hecho antes, a volver a las ideas "chinas", es decir, a las ideas del confucianismo. El neoconfucianismo hacía mucho hincapié en la importancia de la familia y la jerarquía familiar y, por extensión, en el emperador y el clan gobernante. Todas las instrucciones procedían del emperador, y todos los que estaban por debajo de él debían seguirlas. Gia Long incluso trajo a Vietnam el código legal chino, al pie de la letra y en caracteres chinos. Dado que Gia Long fue la primera persona en proclamarse Señor sobre Vietnam tal y como lo conocemos hoy, su palabra y su poder llegaron lejos. Incluso la dinastía china Qing reconoció su derecho a gobernar y a llamarse "Rey del Estado de Vietnam", un título que se había conseguido con mucho regateo. También fue la primera vez que el país se llamó "Vietnam" y no "Dai Viet" u otro nombre.

Las ideas neoconfucianas de Gia Long se oponían a las del hermano más poderoso de los Tay Son, Nguyen Hue, que destacaba los principios vietnamitas sobre los chinos. Aunque Hue había muerto bastante pronto en su gobierno, seguía siendo una personalidad popular en Vietnam y era venerado, especialmente en el norte.

El espíritu "vietnamita" de Hue se puede escuchar en este discurso, que aún hoy es popular en Vietnam:

En el cielo, las constelaciones tienen su propio lugar, y en la Tierra, cada nación tiene su propio lugar. Los chinos no pertenecen a nuestra raza, sus intenciones deben ser diferentes a las nuestras. Los chinos siempre se han aprovechado de nuestra nación, de las riquezas y de la gente. Siempre se ha levantado un héroe para luchar contra ellos. Cómo no van a saber de las derrotas anteriores... Estoy tomando el control del ejército: sois hombres de libre albedrío y os pido que me sigáis.

Como puede ver, Hue estaba pidiendo ayuda, no exigiéndola.

Gia Long lo exigió, lo que con el tiempo provocó un gran resentimiento, pero para gobernar utilizó diferentes estrategias con éxito. En primer lugar, utilizó el poder puro y duro. Luego, utilizó el soborno y los favores, dispensándolos a funcionarios de alto y bajo rango. En tercer lugar, permitió que, en su mayor parte, las aldeas se gobernaran a sí mismas. Mientras pagaban impuestos, proporcionaban hombres para el ejército y le pagaran de la boca para fuera, generalmente los dejaban en paz.

Gia Long también estableció poderosos jefes militares en las distintas regiones del país, que tenían relativa libertad para gobernar como les pareciera. Gia Long gobernaba directamente el centro de Vietnam, pero creó poderosos gobernadores en el norte y el sur para que gobernaran por él. Muchos historiadores señalan este periodo como el momento en que las diferencias entre regiones se hicieron verdaderamente pronunciadas.

Gia Long llegó al poder en 1802, a la edad de cuarenta años, y gobernó hasta 1820. Para entonces, los franceses habían comenzado a imponerse en el país. Al hacer hincapié en el *Te*, o "poder", y en las ideas neoconfucianas, Gia Long había preparado inadvertidamente a Vietnam para que fuera tomado por una potencia más fuerte, con más dinero e ideas exóticas, algunas de las cuales atraían a un gran número de gente.

Capítulo 9 – Los Franceses

Hasta la llegada de De Rhodes y su éxito en interesar a los funcionarios franceses en Vietnam, la mayoría de los europeos en el país eran portugueses. Después de De Rhodes, la Sociedad Francesa de Misiones Extranjeras, una organización de clérigos católicos y empresarios/aristócratas franceses que hoy en día, sigue activa en la difusión de la fe católica en Asia comenzó a hacer incursiones en Vietnam.

Muy pronto surgiría una rivalidad entre los misioneros franceses y portugueses, y el papa se vio obligado a intervenir. Los portugueses creían que Vietnam les "pertenecía" según una orden papal anterior, el Tratado de Tordesillas (1494), que esencialmente dividía las Américas y Asia entre las dos potencias católicas marítimas dominantes de la época, España y Portugal. En 1738, el papa Clemente XII dividió Vietnam en esferas de influencia entre los franceses en el sur y los portugueses en el norte. La orden de Clemente simplemente provocó más competencia entre las dos naciones.

En la década de 1750, los franceses se aliaron con los hermanos Tay Son, especialmente con Hue y los nobles que lo rodeaban. A finales de la década, los franceses consiguieron convencer al régimen de que expulsara a los portugueses, y con ello, los franceses se convirtieron en la única nación europea autorizada a hacer proselitismo y a realizar cualquier tipo de negocio significativo en Vietnam.

Desde mediados de los años 1700 hasta finales del siglo, la mayoría de los vietnamitas se mostraban bastante ambivalentes hacia los franceses. No eran muchos, aunque su número aumentaba lentamente, sobre todo cerca de Saigón, Hanoi y la ciudad imperial de Hue, en el centro. Los franceses también trajeron nuevas tecnologías, que poco a poco se abrieron paso en cantidades relativamente controladas en el ejército imperial vietnamita, y una nueva fe que atrajo a muchos vietnamitas.

Fue este último aspecto el que molestó a Gia Long cuando subió al trono en 1802. No perdía de vista a los franceses e intentaba controlar su acceso a partes del país y el número de misioneros. Sin embargo, vio las ventajas de tener a los franceses como aliados contra los numerosos enemigos potenciales de Vietnam: China, Siam/Tailandia, los jemeres, y quizás otros europeos deseosos de explotar su reino, como los británicos, que fueron rechazados en múltiples ocasiones por Gia Long, probablemente con los franceses cuchicheándoles al oído.

El hijo de Gia Long, Minh Mang (r. 1820-1841), era abiertamente hostil a los franceses y prácticamente a todos los demás extranjeros, no solo a los europeos, sino también a otros asiáticos. Despreciaba especialmente el catolicismo y deseaba reforzar las ideas confucianas.

Ilustración 20: Boceto contemporáneo del Emperador Minh Mang

En los primeros años de su reinado, Minh Mang rechazó varios acuerdos comerciales y otras alianzas propuestas por los franceses. Cinco años después de ascender al trono, ordenó que no se permitiera la entrada de más misioneros católicos en su reino. Con gran astucia, nombró a varios clérigos franceses de alto rango en su corte, no tanto para que le aconsejaran, sino para vigilarlos. Su política era muy parecida a la de los shogunes japoneses, que desde el siglo XVII habían mantenido muy limitada la influencia de los extranjeros en Japón. Ming Mang hizo la siguiente declaración a los miembros de su corte y a un representante de China:

Siempre ha habido una estrategia para detener los avances de los bárbaros. Nuestra propia corte trata a los occidentales según los siguientes principios. Si vienen aquí, no nos oponemos a ellos; si se van, no los perseguimos; simplemente los tratamos como bárbaros. Si sus barcos vienen a comerciar, solo les permitimos anclar en Tra-son. Cuando terminan los intercambios, deben partir. No dejamos que permanezcan mucho tiempo en tierra y no permitimos que la población local comercie directamente con ellos. Así, aunque sean astutos y engañosos, no habrá huecos que puedan aprovechar para causar problemas.

Cuando en 1833 estallara una rebelión en el sur contra el gobierno de Minh Mang, los franceses se apresuraron a apoyarla. El líder de esta rebelión, Le Van Khoi, era católico y se había ganado el apoyo de los católicos vietnamitas locales y de otra gente, incluido un poderoso jefe militar regional católico. En muy poco tiempo, las fuerzas de Le Van Khoi se habían apoderado de los alrededores de Saigón y de otras seis provincias del sur. Durante los dos años siguientes, las fuerzas de Minh Mang lucharon por recuperar el control de la zona.

Una vez recuperado el control, Minh Mang ordenó la detención de católicos vietnamitas y extranjeros en todo el país. Muchos de ellos fueron ejecutados, a veces de forma brutal. Uno de los métodos de muerte consistía en arrancarles la carne con púas al rojo vivo. Uno de los jesuitas franceses que había apoyado a Le Van Khoi sufriría este destino. Se llamaba Joseph Marchand y ahora es un santo de la Iglesia católica romana.

Naturalmente, la muerte de Marchand y de otros católicos enfureció a los franceses, y no disminuyó el celo con el que los misioneros católicos llegaron a Vietnam, aunque lo hicieran en secreto. El sucesor de Minh Mang, Thieu Tri (r. 1841-47), fue aún más hostil hacia los franceses y al catolicismo que Minh Mang. Proscribió la enseñanza del cristianismo, en particular del catolicismo, y allí donde sus funcionarios podían encontrarlos, los misioneros católicos y los vietnamitas eran arrojados a la cárcel.

Hacia la década de 1840, los franceses empezaban a recuperarse de la era de Napoleón y sus secuelas. Tras haber pasado gran parte de las décadas de 1820 y 1830 bajo la mirada de las demás potencias europeas, los franceses empezaban a sentir un nacionalismo renovado. A principios de las décadas de 1820 y 1830, los países europeos habían dejado de luchar entre sí (por un tiempo) y se habían volcado a un mayor esfuerzo por colonizar el resto del mundo. El poder y el prestigio de cada nación estaban cada vez más ligados al tamaño y la riqueza de su imperio de ultramar.

Parte de esta reafirmación del poder francés, y del poder europeo en general, fueron las reacciones de los gobiernos europeos/franceses cuando sus ciudadanos eran maltratados por potencias extranjeras. Los europeos a menudo se referían a ellos como "salvajes", pero para ser justos, Minh Mang y miles de otros a lo largo de la historia se referían a los no vietnamitas como "bárbaros".

En 1847, los franceses enviaron dos buques de guerra a Danang, Vietnam, para dar más fuerza a las negociaciones, para liberar a dos misioneros franceses encarcelados. Las negociaciones se rompieron, y cuando lo hicieron, los barcos franceses se abrieron paso en la ciudad de Danang, hundiendo tres buques navales vietnamitas y causando daños a los fuertes costeros y a los edificios de la ciudad.

En respuesta, Thieu Tri ordenó reforzar todos los fuertes costeros y aumentar la producción de cañones. También ordenó la muerte de todos los misioneros extranjeros en Vietnam, lo que esencialmente significaba todos los franceses, y la "erradicación" del catolicismo en el país.

Thieu Tri murió poco después de emitir esta orden. Sus órdenes no se cumplieron porque la mayoría sabía que hacerlo provocaría no solo una respuesta francesa, sino posiblemente una guerra total con Europa. Después de todo, los ingleses acababan de derrotar a los chinos en la Primera Guerra del Opio, algo que nadie en Asia podría haber predicho.

Tu Duc se convirtió en emperador en 1847 y gobernó hasta 1883. Su largo reinado fue testigo de varias acciones contra los vietnamitas y los católicos franceses, pero muchas de sus duras órdenes subordinados no las cumplieron. Algunos eran realmente católicos y otros no querían provocar un incidente con los franceses en las zonas bajo su control. Sin embargo, ocasionalmente se producían incidentes, y con cada uno de ellos se hacían llamados en París y en el resto de Francia para que se actuara en Vietnam.

En 1847, poco antes de que Tu Duc se convirtiera en emperador, dos barcos de guerra franceses fueron enviados a Danang para negociar con el gobierno de Thieu Tri la liberación de dos misioneros franceses. Cuando llegaron, fueron atacados por una considerable flota vietnamita. Aunque superados en número, los barcos franceses eran mucho más modernos y estaban comandados por hombres experimentados por años de combate en el mar. Los vietnamitas fueron derrotados a un gran coste, y los misioneros fueron liberados.

En 1857, dos misioneros españoles que trabajaban con la Sociedad Francesa de Misiones Extranjeras fueron asesinados por orden de Tu Duc. El momento no podía ser peor para Tu Duc y sus partidarios. Los franceses estaban indignados por el trato que recibían los católicos en Vietnam y las limitaciones impuestas a su capacidad para comerciar en el país. No solo eso, sino que Europa estaba en medio de su segunda gran carrera por la construcción del imperio cuando Tu Duc actuó contra los misioneros y los católicos en 1857/58, y Francia había tenido un pésimo comienzo.

La primera era europea del imperialismo había comenzado con los viajes de Cristóbal Colón y terminó con la Revolución Americana y las convulsiones de la Revolución Francesa y de Napoleón Bonaparte, una época en la que Europa se replegó sobre sí misma por necesidad. Sin embargo, ahora, las relaciones europeas, aunque a veces heladas, en su mayor parte eran pacíficas. Las naciones europeas se dieron cuenta de lo destructiva que podía ser una guerra entre ellas y de que un mundo de riquezas estaba esperando a ser reclamado, arrebatado o comercializado.

Debido a la desconfianza europea hacia Francia después de Napoleón y al daño causado internamente en ese país, Francia tuvo un comienzo tardío en la carrera por las colonias, que comenzó de nuevo en el siglo XIX, al menos en comparación con su principal rival, Inglaterra. Antes de que Inglaterra pudiera reclamar y conquistar el mundo entero, los franceses querían un trozo de él, y el sudeste asiático era la tierra más grande, rica y sin conquistar. Además, se encontraba entre las posesiones británicas en la India y sus posesiones en China, donde Francia también tenía intereses. Con el tiempo, una posesión francesa a lo largo de las rutas marítimas entre estas dos inmensas zonas podría resultar útil. Además, los franceses iban a la zaga de Holanda, España y Portugal, aquel momento países mucho más débiles en la carrera por un imperio poderoso. Esto enfurecería a muchos franceses, la cual no tendría fin.

También impulsó la iniciativa francesa de las colonias el sobrino de Napoleón Bonaparte, que llegaría a ser presidente de Francia de 1848 a 1852 como antes su famoso (y mucho más inteligente) tío, nombrándose emperador de los franceses en 1852. Su gobierno terminó en 1870, cuando fue derrotado por los prusianos y destituido del trono en el marco de la unificación alemana. En 1858, los franceses reunieron una poderosa flota de 14 barcos de guerra junto con 3.000 marinos franceses, 300 soldados católicos filipinos y varios barcos españoles. Una vez reunidos, fueron enviados a Vietnam para dar una lección a Tu Duc.

Los franceses, al mando del almirante Charles Rigault de Genouilly, aparecieron en la costa de Danang y procedieron a bombardear la ciudad y a desembarcar tropas. Los vietnamitas sorprendieron a los franceses con la fuerza de su resistencia, y el asedio se prolongaría durante un año y medio antes de que los franceses tomaran la ciudad. En realidad, hubo más bajas francesas por enfermedad que por el combate. Durante el asedio y la ocupación, Genouilly puso en marcha planes para atacar otras partes de Vietnam.

En febrero de 1859, una flota francesa/española reforzada, con tropas francesas/españolas/filipinas a bordo, remontó el río Mekong para atacar Saigón. Tras una serie de intensos ataques y contraataques vietnamitas, la fuerza europea sitió la posición más fuerte de la ciudad, la Ciudadela de Saigón. La capturaron y la volaron, sabiendo que no eran lo suficientemente fuertes para mantenerla. Genouilly dejó una fuerza de 1.000 hombres en Saigón para contener la ciudad mientras él regresaba a Danang (que los franceses llamaban "Tourane") para ocuparse de los asuntos de allí. Pronto se dio cuenta de que sus fuerzas solo eran lo suficientemente fuertes para mantener Saigón o Danang, pero no ambas, y Danang fue evacuado.

Durante los dos años siguientes, franceses y vietnamitas libraron una serie de batallas y asedios en el sur de Vietnam. Los franceses superaban a los vietnamitas en armamento y tecnología, pero los vietnamitas eran más numerosos y luchaban por su patria, bueno, algo por el estilo. Muchos vietnamitas se habían alejado de Tu Duc y del régimen imperial.

Esto sucedió por varias razones. La aparente superioridad francesa hizo que muchos vietnamitas creyeran que el emperador y su familia habían perdido el Mandato del Cielo. Un número considerable en el sur se había hecho católico. La mayoría de los demás, al no tomar partido, se replegaron a la vida intelectual o aldeana, esperando a ver hacia donde soplaba el viento mientras superaban la tormenta.

En 1862, vietnamitas y franceses firmaron el Tratado de Saigón, que puso fin a la guerra. Tu Duc estaba motivado por la necesidad de mantener su trono y hacer frente a una considerable rebelión católica en el sur, sobre la que esperaba que los franceses influyeran para que cesara (los franceses lo intentaron, pero los rebeldes se negaron a deponer las armas. Como parte del acuerdo con Tu Duc, se le dio vía libre para hacer frente a esta rebelión; parece que los católicos franceses eran más importantes que los vietnamitas). El ejército vietnamita también estaba superado en armamento y, aunque los soldados habían dado una valiente batalla, no pudieron resistir los continuos ataques franceses. Para los franceses, el tratado pondría fin a las crecientes bajas y al gran coste de la guerra.

El Tratado de Saigón obligó a Tu Duc a ceder la zona conocida como "Cochinchina", que incluía Saigón y la región al sur de esta. Los franceses también recibieron una serie de islas frente a la costa y en el delta del Mekong, lo que les daría el control de las principales rutas comerciales de la zona. Además, Tu Duc cedió a los franceses el control de sus asuntos exteriores y del comercio internacional. Cochinchina se convirtió en una colonia francesa, y el emperador vietnamita fue esencialmente un gobernante títere.

En 1867, los franceses de Cochinchina, dirigidos por el almirante Marie Benoit de La Grandiere, empezaron a preocuparse por la posición estratégica de Cochinchina con respecto al norte de Vietnam y los territorios jemeres del oeste. Entonces dirigió una expedición francesa a la costa central de Vietnam. El gobernador de la zona, Phan Thanh Gian, dijo a las fuerzas vietnamitas que se retiraran para evitar un inútil derramamiento de sangre, y luego se suicidó. Hoy es un héroe nacional en Vietnam. Todo el sur de Vietnam estaba entonces bajo control francés.

Alrededor de dieciséis años después, los franceses se vieron envueltos en una guerra con China, enfrentándose a los asaltos a sus intereses en el norte de Vietnam por parte de las tropas vietnamitas, a los bandidos chinos y al ejército chino. Durante gran parte de 1883, los franceses libraron una costosa, pero breve, guerra contra los vietnamitas y sus aliados chinos en Tonkín (la zona más al norte de Vietnam). Asediaron la ciudad imperial de Hue y obligaron a la corte vietnamita, ya muy debilitada interna y externamente, a permitir que los franceses tomaran Tonkín como "protectorado". Todo Vietnam quedó bajo control francés, al igual que las vecinas Laos y Camboya.

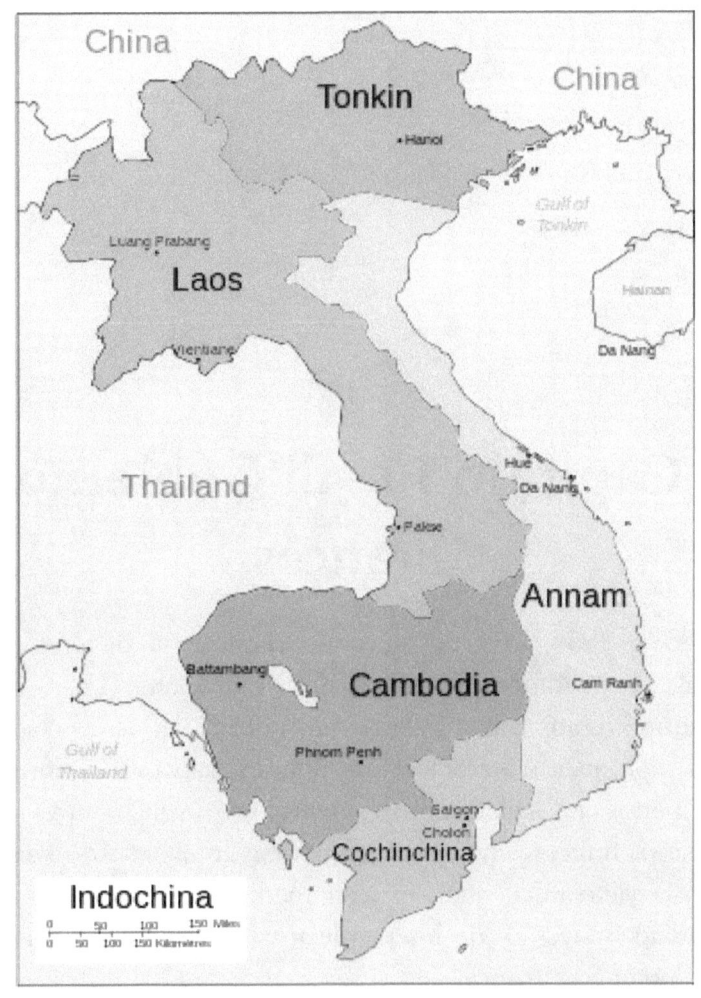

Ilustración 21: Sudeste de Asia bajo control francés

Capítulo 10 - El Gobierno Francés

De 1883 a 1954, con un intervalo durante la Segunda Guerra Mundial, los franceses gobernaron Vietnam. Los sucesivos emperadores eran meras figuras que debían ser "consultadas" por cortesía diplomática, pero los funcionarios franceses gobernaban el país, al menos en las altas esferas y a nivel provincial. A nivel local, los funcionarios franceses no podían gobernar sin el acuerdo tácito de la burocracia vietnamita, que, en gran medida, llegó a disfrutar de la generosidad francesa y de los privilegios que suponía gobernar para una rica potencia europea.

En la actualidad, el único recuerdo real del período colonial francés en Vietnam es la arquitectura de algunas de las ciudades vietnamitas más grandes, sobre todo Hanoi y Ciudad Ho Chi Minh, que los franceses se empeñaron en hacer lo más "europea" posible. Los visitantes del casco antiguo de Hanoi suelen reflexionar sobre lo mucho que se parece la zona a París, que ha sobrevivido a pesar de los intensos bombardeos de la guerra de Vietnam en las décadas de 1960 y 1970.

Después de que los franceses abandonaran Vietnam en la década de 1950, durante un tiempo, muchos miembros de la clase alta de Vietnam (sobre todo en el sur) hablaban, leían y escribían en francés, algunos casi exclusivamente. En lo que se convertiría en Vietnam del Norte, hablar francés en público no era algo inteligente después de que los comunistas tomaran el poder, aunque Ho Chi Minh y muchos de los antiguos estadistas originales del Partido Comunista de Vietnam hablaban francés con fluidez, ya que habían ido a la escuela en París.

¿Qué más ofrecieron los franceses? Bueno, se volvería en su contra, pero al menos en la superficie, los franceses ofrecieron a los vietnamitas los mismos derechos que los franceses tenían en el famoso documento revolucionario francés, la Declaración de los Derechos del Hombre y del Ciudadano. Este documento, al igual que la Declaración de la Independencia y la Carta de Derechos Estadounidense, enumeraba los derechos y libertades con los que nacían y podían disfrutar los franceses (y aquellos que estaban "bajo su protección").

Entre los derechos del documento francés figuraba la afirmación de que todos "los hombres nacen y permanecen libres e iguales en derechos", y debían disfrutar de los mismos derechos "inalienables" que los estadounidenses: propiedad, libertad, resistencia a la opresión, igualdad ante la ley, derecho al debido proceso, derecho a participar en el gobierno y libertad religiosa.

Pero ¿los franceses respetaron estos derechos en Vietnam? La respuesta es un poco complicada. Cuando los vietnamitas ignoraban el hecho de que los franceses eran los gobernantes de su país y vivían pacíficamente, la mayoría de los vietnamitas disfrutaban de una apariencia de estos derechos. La palabra clave aquí es "apariencia". A medida que continuaba el dominio francés, muchos vietnamitas se dieron cuenta de que los franceses y las clases altas vietnamitas podían disfrutar de estos "derechos" más que los de abajo o que veían las cosas de otra manera. Sin embargo, muchos de estos derechos solo se respetaron en caso de incumplimiento.

Para muchos vietnamitas, la dominación francesa suponía algunas protecciones y mejoras. Los franceses construyeron escuelas en todo el país, principalmente en las ciudades. Éstas se basaban en el modelo de "liceo" francés, lo que permitiría a muchos vietnamitas recibir su primera educación formal. Los franceses también invirtieron mucho en infraestructura: el edificio mencionado anteriormente, la planificación urbana francesa, las carreteras pavimentadas, un mejor control de la erosión, un cierto grado de técnicas agrícolas avanzadas y muchas otras cosas.

Sin embargo, al menos para los católicos vietnamitas, los franceses garantizaron la libertad de culto y esta, en su mayor parte, se cumplió. Bajo los anteriores gobernantes vietnamitas, se había perseguido a personas de distintas creencias religiosas. En ocasiones, cuando se enfatizaban los ideales neoconfucianos chinos, las religiones populares vietnamitas, así como el budismo, eran desalentadas o reprimidas. En otras ocasiones, el catolicismo fue reprimido, como vimos en el capítulo anterior. Bajo el régimen francés, la libertad religiosa estaba garantizada, siempre y cuando los líderes religiosos no abogaran por la independencia de Vietnam, algo que la mayoría de ellos se abstuvo de hacer al menos hasta la década de 1930.

A finales de los años 1800 y principios de los 1900, varias ideas socialistas se hicieron populares en Europa y Francia. Con el crecimiento de la industria en Francia (y en gran parte de Europa en general) se produjo un cambio en el panorama económico. Se creó una gran riqueza, pero también una gran pobreza. Los grupos socialistas más militantes se convirtieron en partidos comunistas a principios de los años 1900.

"El comunismo", tal como lo describieron los filósofos económicos alemanes Karl Marx y Friedrich Engels, era menos una idea revolucionaria para cambiar el panorama económico de Europa y del mundo y más una fuerza económica irresistible. De la mano de esa otra teoría revolucionaria de la época, la evolución, la teoría comunista declaraba que la economía era una línea de tiempo evolutiva. Era una inevitabilidad histórica que el capitalismo se derrumbara sobre sí mismo debido a su desigual distribución de la riqueza y los privilegios. En la etapa comunista del desarrollo económico, los trabajadores poseerían colectivamente los medios de producción y la propiedad privada. Se abolirían las clases y todos disfrutarían de los mismos derechos en un "estado obrero". El comunismo también propagó la idea de que los países capitalistas ricos de Occidente (y sus títeres nativos) mantenían a la población de sus colonias en un bajo nivel y mantenían actitudes de desigualdad étnica y racial.

A principios del siglo XX, cada vez más vietnamitas de clase alta y media alta enviaban a sus hijos (y a veces a sus hijas) a Francia para que recibieran una educación europea. En aquella época, los europeos tenían una ventaja decisiva en muchos ámbitos, tales como la ingeniería, la tecnología, la ciencia, la medicina y los negocios.

En algunos casos, enviar a los jóvenes de Vietnam a Francia era una medida práctica. Podían aprender a ser funcionarios del gobierno francés o entrar en el mundo empresarial europeo y disfrutar de los beneficios y privilegios que este podía proporcionar. En algunos casos, los jóvenes vietnamitas fueron enviados a Francia para aprender sobre la cultura, el gobierno y la sociedad franceses y así poder desenvolverse mejor en el mundo del Vietnam colonial. Mientras estaban allí, muchos vietnamitas estuvieron expuestos a las ideas mencionadas anteriormente, ya sea el marxismo, otras ideas socialistas o las ideas presentadas en la Declaración de los Derechos del Hombre y del Ciudadano.

Uno de ellos era un joven de clase media-baja. Se llamaba Nguyen Sinh Cung, aunque es más conocido como Ho Chi Minh.

Capítulo 11 - Vietnam en Crisis

Durante la primera parte del siglo XX Vietnam era como una tetera en una estufa caliente cuando el agua comienza a hervir. Si observa una tetera a la antigua, oirá hervir el agua en el interior antes de ver cualquier indicio de vapor saliendo del pico. Luego, de vez en cuando, verá pequeñas explosiones de vapor salir disparadas por el pico o la tapa. Si la tapa no está lo suficientemente ajustada, la verá y la oirá resonar encima de la estufa. A menos que saque la tetera, solo hay un resultado inevitable: el agua va a hervir y el vapor saldrá ondulante.

Las tres primeras décadas del siglo XX fueron un periodo de grandes y rápidos cambios en Vietnam. A finales de los años 1800, los franceses habían consolidado su dominio del país y, aunque muchos vietnamitas trabajaban para la potencia colonial, los resortes del poder -es decir, los tribunales, la policía (y la policía secreta) y el ejército, estaban en manos de los franceses. Los sectores de la sociedad vietnamita parecían disponer de una de las cuatro opciones principales. En primer lugar, podían cooperar con los franceses y buscar un lugar para ellos en la jerarquía política y/o económica dominante. La mayoría de los que lo hicieron pertenecían a la familia imperial y sus numerosas ramas, a las clases económicas altas, a los católicos y a los comerciantes.

En segundo lugar, podían intentar pacíficamente, al menos al principio, utilizar las ideas francesas contra los franceses, lo que significaba que los vietnamitas, que tenían su propia prensa, aunque controlada, y sus propios consejos de aldea y provinciales, podían hacer valer los derechos enumerados en la Declaración de los Derechos del Hombre y del Ciudadano. Al fin y al cabo, si la libertad estaba garantizada para todos los hombres, ¿por qué los vietnamitas estaban bajo el control de Francia? Un número creciente de vietnamitas, especialmente en el norte, también se volcó a la otra idea occidental del socialismo, la misma que los trabajadores franceses abrazaban en su propia batalla por una vida mejor.

En tercer lugar, y esto podría ir de la mano con lo anterior, los vietnamitas podrían simplemente oponerse a los franceses como conquistadores, como habían hecho durante siglos con los chinos. Se trataba simplemente de una oposición basada en ideas nacionalistas, que a veces se combinaban con otras, como el comunismo.

En cuarto lugar, los vietnamitas podían hacer lo que habían hecho durante siglos: esperar. Muchos vietnamitas a principios de siglo y en las primeras décadas del siglo XX parecían creer que, en aquel momento, las clases dirigentes vietnamitas no eran merecedoras del Mandato del Cielo. La familia imperial había sido corrupta, estaba ávida de poder y había oprimido al pueblo. Los franceses también estaban ávidos de poder y oprimían a quienes expresaban ideas contrarias a su colonización del país, pero también ofrecían muchas cosas que los anteriores gobernantes no habían ofrecido, como el acceso a la educación (que estaba mucho más extendida bajo los franceses que antes), nuevas tecnologías, acceso a los mercados y a las ideas del resto del mundo, mejor atención médica (al menos en las ciudades) y quizás un mejor nivel de vida. Muchos vietnamitas parecían decirse a sí mismos: "Hasta que los franceses no demuestren que el cielo ya no está de su lado, nos iremos con ellos, o al menos no nos opondremos. Si y cuando parezca que el viento sopla en otra dirección, iremos por ese camino".

Durante las primeras tres décadas del siglo XX hubo una serie de movimientos significativos e importantes figuras. Uno de ellos fue Phan Boi Chau. Phan Boi Chau era un intelectual de una familia de clase alta que había ayudado a gobernar el país bajo la restaurada dinastía de los Le y había luchado contra la temprana dominación francesa. Su camino hacia un movimiento independentista vietnamita comenzó con su alejamiento de las ideas neoconfucianas chinas que la familia imperial había absorbido e implementado. Entonces, en lugar de buscar una persona de gran poder, como podrían haber hecho los chinos o los japoneses, se dedicó a buscar un hombre virtuoso que pudiera alejar a Vietnam de los franceses.

En 1903, formó un grupo revolucionario llamado Reformador, tomando como modelo las ideas del líder rebelde chino Sun Yat-sen (el fundador de la China nacionalista, que existió desde 1911 hasta 1949). Phan Boi Chau también escribió dos de los libros vietnamitas más influyentes de todos los tiempos: *Carta de las Ryukyus escrita con lágrimas de sangre (1904)* e *Historia de la Pérdida de Vietnam* (1905).

Las Ryukyus, sobre las que escribió Phan Boi Chau en su libro, son una cadena de islas japonesas. Viajó a Japón en 1904/05 como representante de varios movimientos independentistas vietnamitas en busca de apoyo. Los japoneses habían resistido con éxito los intentos europeos de infiltrarse y dominar el país, como habían hecho en Vietnam, China y otras zonas de Asia. También habían enfrentado económicamente a los países occidentales para modernizar su país y convertirlo en una potencia regional.

Phan Boi Chau, los vietnamitas y la mayor parte del mundo (sobre todo las naciones asiáticas dominadas por Occidente) se quedaron atónitos cuando los japoneses derrotaron a Rusia en la guerra rusojaponesa, que se librara entre 1904 y 1905. Para Phan Boi Chau, "se había abierto un mundo nuevo y extraño", pero necesitaba abrir los ojos de sus compatriotas para verlo. Escribió uno de los párrafos más famosos de la literatura vietnamita de principios del siglo XX en respuesta a la victoria de Japón y a la necesidad de que los líderes vietnamitas abrieran los ojos de su pueblo: Aunque el Universo fue sacudido por los vientos americanos y las lluvias europeas, nuestro país seguía soñando en un profundo sueño. Nuestro pueblo seguía ciego y resignado a su suerte. Sólo porque en otros tiempos cerrábamos las puertas y nos quedábamos en casa, dando vueltas en círculos de conocimientos literarios y estudios chinos. Decir francamente que nuestro pueblo estaba sordo y ciego no es una exageración.

Phan Boi Chau viajó por Japón y China en su búsqueda tanto de apoyo como de ideas para aplicar en una nueva teoría de independencia/gobierno vietnamita. Finalmente, sus escritos y su actividad le colocaron en el punto de mira de los franceses, que presionaron a los japoneses para que le expulsaran de su país. A continuación, viajó a Hong Kong, Tailandia y, de nuevo, a China para ayudar en la revolución que derrocó a la dinastía china Qing y puso a Sun Yat-sen al frente de un nuevo gobierno.

Hasta 1925, Phan Boi Chau trabajó y organizó varios movimientos, ganando apoyos, sobre todo en las provincias del norte cercanas a China. Hubo levantamientos vietnamitas ocasionales localizados contra el dominio francés que muchos esperaban que crecieran, pero fueron reprimidos con dureza. En 1925, en Hong Kong, Phan Boi Chau fue localizado por agentes vietnamitas de la policía secreta francesa y llevado a Vietnam. En lugar de martirizarlo, los franceses lo pusieron bajo arresto domiciliario en Hue, donde murió en 1934. Lo interesante de la captura de Phan Boi Chau es que algunos historiadores dicen que fue traicionado por Ho Chi Minh, que había aceptado reunirse con Phan Boi Chau para hablar de los esfuerzos comunes. Otros historiadores, especialmente los comunistas vietnamitas, dicen que esto nunca ocurrió y que Phan Boi Chau consideraba a Ho como su sucesor en el movimiento independentista vietnamita.

Ilustración 22: Phan Boi Chau

En un momento hablaremos de Ho Chi Minh, pero primero hablemos de dos sistemas de creencias únicas que surgieron en las décadas de 1920 y 1930 y que proporcionaron a muchos vietnamitas una base espiritual para resistir el dominio francés y restaurar el orgullo nacional vietnamita.

En la década de 1920, en Vietnam crecería un nuevo movimiento espiritual llamado Cao Dai, que es la abreviatura de la frase vietnamita Đại Đạo Tam Kỳ Phổ Độ ("La Gran Fe para la Tercera Redención Universal"). El caodaísmo es un conjunto de creencias que incorpora elementos del taoísmo, el budismo, el confucianismo, el cristianismo evangélico (los misioneros protestantes comenzaron a llegar a Vietnam a principios de siglo) y el catolicismo romano.

El Cao Dai se originó en el sur del país y generalmente se mantuvo localizado. En la actualidad, se calcula que hay entre uno y dos millones de fieles, sobre todo en el delta del Mekong, el altiplano occidental y en la Ciudad Ho Chi Minh. En el Vietnam actual, la vida religiosa está estrechamente vigilada por el Partido Comunista de

Vietnam, pero en general, mientras los líderes religiosos se abstengan de hacer política, son tolerados.

El Cao Dai utiliza rituales similares a los de la Iglesia católica romana, pero no reconoce a ninguna persona (viva o muerta) como "salvador" o líder espiritual de la religión, aunque la "iglesia" esté dirigida por un "papa". En la cúspide de la jerarquía del Cao Dai se encuentra el "Emperador de Jade", que es esencialmente Dios, pero con un claro tinte vietnamita.

La religión también reconoce las creencias populares vietnamitas en los espíritus y el poder del equilibrio del yin y el yang. Los adeptos también creen que pueden comunicarse con el más allá mediante el uso de un tablero similar a la ouija. El objetivo principal del Cao Dai es el reconocimiento de una hermandad universal del hombre, y esto proporcionaría el impulso para que muchos creyentes del Cao Dai se resistieran a los franceses (curiosamente, el autor más vendido, Graham Greene, era adepto a las creencias del Cao Dai).

A finales de la década de 1930, comenzó otro movimiento espiritual vietnamita. El Hoa Hao, fue una amalgama de creencias budistas y populares vietnamitas. Fue iniciado por un monje budista llamado Huynh Phu So, y es similar al budismo zen en su énfasis en la simplicidad. El movimiento Hoa Hao era muy nacionalista y militarista, y sus miembros se unieron originalmente al Viet Minh (el movimiento militar de Ho Chi Minh en los años 40 y 50) para luchar contra el dominio francés. Huynh Phu So fue posteriormente asesinado por el Viet Minh, ya que consideraban que su movimiento era anticomunista y demasiado fuerte. En la actualidad, Hoa Hao, al igual que Cao Dai, sigue teniendo seguidores en Vietnam, quizá unos tres o cuatro millones. Nuevamente, se encuentran principalmente en el sur y el oeste, y de nuevo, como todas las religiones, está estrechamente vigilada por el estado.

En Cao Dai y Hoa Hao vemos los primeros intentos de afirmar el nacionalismo vietnamita y la rebelión contra los franceses. Las ideas de Phan Boi Chau eran una amalgama de ideas de varios movimientos independentistas asiáticos, pero Cao Dai y Hoa Hao eran exclusivamente vietnamitas. Curiosamente, el movimiento que finalmente expulsaría a los franceses de Vietnam fue proporcionado a los vietnamitas por los europeos, muchos de los cuales eran franceses. Eso era el comunismo.

Capítulo 12 - Ho Chi Minh y la Guerra de Indochina Francesa

Hasta el día de hoy, la figura de Ho Chi Minh está ligada tanto a Vietnam como país como al Partido Comunista de Vietnam. El "Tío Ho", como le llamaban muchos, sigue siendo una figura venerada en Vietnam hoy en día, y aunque murió en 1969, años antes de que terminara la guerra de Vietnam, su rostro es el que reconocen la mayoría de los estadounidenses de la época de la guerra de Vietnam. Aunque era ostensiblemente el jefe de Vietnam del Norte, a mediados de la década de 1960, Ho tenía muy poco que ver con la planificación íntima de la guerra.

Ilustración 23: Ho Chi Minh en 1957

El nombre de pila de Ho era Nguyen Sinh Cung y nació en 1890 en el norte de Vietnam. Su padre era un erudito del gobierno imperial a nivel local e hizo hincapié en la educación de Ho y sus tres hermanos. A los diez años, Ho ya hablaba y escribía en chino y escribía poesía en dos idiomas. También aprendió a hablar francés con fluidez y un inglés pasable. A los diez años, su padre le dio un nuevo nombre: Nguyen Tat Thanh, o "Nguyen el Realizado".

Alrededor del cambio de siglo, su padre rechazaría un puesto mejor en el gobierno imperial, pero lo rechazó porque habría significado trabajar con los franceses. Sin embargo, esto no impidió que Ho recibiera una educación francesa en la ciudad imperial de Hue. También asistieron a la misma escuela Vo Nguyen Giap, artífice de la futura victoria de Vietnam sobre Francia y que desempeñaría un papel fundamental en la guerra contra Estados Unidos; Pham Van Dong, que se convertiría en primer ministro de Vietnam tras la muerte de Ho; y Ngo Dinh Diem, futuro presidente de Vietnam del Sur y enemigo de Ho.

Gran parte de los primeros años de vida de Ho son difíciles de descifrar. La mitología que le rodea, generada por el Partido Comunista de Vietnam, está llena de verdades, medias verdades y falsedades (piense en la historia del cerezo del presidente estadounidense George Washington o en su lanzamiento de un dólar de plata al otro lado del Potomac). A los veinte años, Ho viajó a Estados Unidos, Francia, Inglaterra y la Unión Soviética. Algunos mitos comunistas afirman que lideró rebeliones indígenas en otras partes del mundo en desarrollo.

Lo que sí sabemos es que Ho esperaba estudiar en Francia. Para muchos vietnamitas, era una forma de obtener una "ventaja" económica, y para algunos, también era una forma de conocer a su enemigo. Cuando Ho viajó a Francia en los años anteriores a la Primera Guerra Mundial, no era un comunista ni un revolucionario. Al igual que su padre, probablemente tenía visiones de un Vietnam sin los franceses, pero esto era probablemente más una idea nebulosa que una noción concreta, aunque afirmó haber participado en protestas antifrancesas en Hue en 1908.

Ho llegó a Francia lentamente a bordo de un barco de carga. Trabajó para su pasaje como grumete y ayudante de cocina. Cruzó el Pacífico hasta Estados Unidos en algún momento de 1912. No se sabe con exactitud cuándo llegó, pero una carta de Ho a las autoridades francesas para asuntos vietnamitas lleva el matasellos de

Nueva York en diciembre de 1912. En Nueva York, trabajó como panadero en un hotel. Más adelante, Ho afirmaría haber trabajado también para una familia rica de Nueva York y para la General Motors.

Algunos historiadores creen que Ho se hizo amigo de los miembros de la comunidad coreana de Nueva York, que trabajaban para liberar a su país de la dominación extranjera (Corea fue disputada por Rusia, China y Japón a principios de los años 1900). Muchos creen que allí comenzaron las ideas de Ho sobre la independencia y la revolución vietnamitas. Durante su estancia en Nueva York, Ho asistió a reuniones de revolucionarios negros y leyó los escritos del líder nacionalista negro Marcus Garvey.

En 1913, Ho se embarcó hacia Inglaterra, donde trabajó durante un año como parte del personal de cocina de un hotel, y luego trabajó en un ferry entre Inglaterra y Francia. Muchos creen que cuando llegó a Francia, que Ho dijo que fue en 1917, pero que los registros franceses afirman que fue en 1919, había renunciado a la idea de asistir a la Sorbona como uno de los primeros "coloniales" en hacerlo y comenzó a trabajar como escritor y reportero revolucionario.

Durante su estancia en París, Ho tenía un compañero de habitación llamado Phan Chu Trinh, que era un "constitucionalista" vietnamita, es decir, que creía que los vietnamitas debían combatir a los franceses utilizando sus propias palabras y leyes contra ellos. Phan Chu Trinh escribía para un periódico vietnamita para expatriados, y en él había una columna llamada "Nguyen Ai Quoc", o "Nguyen el Patriota". Ho trabajaba para el periódico como asistente de fotografía y ocasionalmente escribía una columna en la sección "Nguyen Ai Quoc". Más tarde, cuando Ho estaba huyendo de varias autoridades, utilizaba el nombre de "Nguyen Ai Quoc" como alias.

Ho trabajaba en el periódico cuando estalló la Revolución Bolchevique en Rusia. Fue entonces cuando leyó un artículo de Vladimir Lenin sobre el imperialismo que le hizo ver las ventajas del comunismo. Más tarde, Ho contó que, después de leer este artículo de Lenin, tuvo una visión: iba a convertirse en un gran líder político.

En 1920, Ho asistió a una famosa reunión de socialistas franceses. En esa reunión, el socialismo francés se dividió en dos ramas: los socialistas más moderados y los comunistas radicales que adherían a las ideas procedentes de Moscú. Ho apoyó al grupo moscovita y, en 1923, abandonó París para dirigirse a la capital soviética.

Durante su estancia en Moscú, Ho asistió a la universidad, que era esencialmente un curso de adoctrinamiento sobre el comunismo soviético y cómo difundirlo. En 1925, Ho estaba en China, trabajando para la revolución y viviendo bajo el nombre de Nguyen Ai Quoc. Durante su estancia en China fue acusado de traicionar a Phan Boi Chau ante las autoridades. Ho puede o no haber entregado a Phan Boi Chau. Una teoría es que quería "convertir en mártir" a Phan Boi Chau para que el mundo se centrara en la causa de la independencia de Vietnam. Otros creen que no tuvo nada que ver, ya que Phan Boi Chau nunca denunció a Ho Chi Minh.

En 1927, el líder nacionalista de China, Chiang Kai-shek, llevó a cabo una purga de comunistas en China. El grueso de los comunistas, incluido el futuro líder Mao Zedong, se ocultó y formó un ejército en el interior del país. Ho Chi Minh regresó a la URSS, y después volvió al sudeste asiático en un largo viaje en barco que finalmente lo llevaría a Tailandia, donde empezó a trabajar como agente de la "Internacional Comunista", o "Comintern", dirigida por los soviéticos.

Durante los años siguientes, Ho trabajó como agente en Asia antes de tener problemas con las autoridades británicas en Hong Kong. Los británicos le amenazaron con deportarle a Vietnam, pero para entonces, las autoridades francesas habían tenido conocimiento del trabajo de Ho en la organización de células revolucionarias en Vietnam desde el extranjero. El regreso a Vietnam significaría una sentencia de muerte para Ho, algo que el tribunal británico no estaba dispuesto a continuar, por lo que Ho fue liberado. Se disfrazó, se dirigió a Shanghái y finalmente regresó a Moscú.

De 1933 a 1938, Ho permaneció en Moscú, estudiando y enseñando en el Instituto Lenin, una escuela para revolucionarios y "aspirantes" a revolucionarios de países del tercer mundo. Ho estuvo en Moscú durante el "Gran Terror" de José Stalin de 1937 y los juicios de purga que siguieron. Muchos comunistas extranjeros fueron víctimas de las purgas de Stalin, pero se dice que Ho apoyó a Stalin de todo corazón y salió indemne. Esto ayuda a demostrar una cosa sobre Ho Chi Minh: era un superviviente.

De 1938 a 1941, Ho trabajó con los comunistas chinos. También recibió el título de "Agente Superior de la Comintern a cargo de los asuntos asiáticos", al menos de forma encubierta en los círculos revolucionarios. A partir de 1936, los chinos (tanto nacionalistas como comunistas) luchaban contra los japoneses, que habían invadido las zonas costeras del este de China y las principales ciudades de ese país. Ho no solo trabajó para impulsar el comunismo, sino también para organizar células que lucharan contra los japoneses, un enemigo al que pronto se enfrentaría en casa.

En 1940, los japoneses se apoderaron de la Indochina francesa, que incluía Vietnam. Esta fue esencialmente una invasión incruenta debido a la rendición de Francia al aliado de Japón, la Alemania nazi, en junio de ese año. El gobierno títere francés de Vichy dio órdenes a sus hombres en Vietnam, la mayoría de los cuales eran de derecha y estaban dispuestos a colaborar, para que permitieran la entrada de los japoneses. En su mayor parte, los japoneses se hicieron con los recursos del país directamente o los compraron a los terratenientes franceses sin competencia. Japón mantuvo una fuerza relativamente pequeña en el país, lo que permitió a los franceses mantener el orden.

En 1941, Ho Chi Minh regresó a Vietnam después de casi veinte años de ausencia y fue reconocido como líder comunista principal, con el respaldo de Moscú. A Ho se le unieron sus viejos amigos Vo Nguyen Giap, Pham Van Dong y otros, incluido un hombre despiadado llamado Le Duan, que más tarde se convertiría en el primer ministro de Vietnam del Norte, suplantando a Ho y dirigiendo el esfuerzo vietnamita contra Estados Unidos.

Ho y otros líderes, entre los que se encontraban nacionalistas no comunistas de diversos movimientos, se involucraron más en lo que se conocería como el Viet Minh (la "Liga para la Independencia de Vietnam"). El Viet Minh en realidad se había formado a mediados de la década de 1930 en China, pero no pudo generar mucho entusiasmo en la lucha contra los franceses. Sin embargo, con la participación de los japoneses, el Viet Minh cobró nueva vida. Gran parte de esta nueva energía procedía de Ho y su círculo íntimo, que nunca habían participado en una guerra abierta (de guerrillas o de otro tipo), pero que tenían experiencia en actividades clandestinas. Muy pronto Ho y sus hombres asumirían el liderazgo del movimiento.

Ho también brindó cierto apoyo de los Comunistas Chinos y de la Unión Soviética. La mayor parte de este apoyo fue en forma de asesores y dinero, ya que ni China ni la Unión Soviética podían prescindir de mucho armamento, ya que estaban involucrados en sus propias luchas por la supervivencia. Además, el traslado de armas hasta Vietnam era difícil debido a su ubicación.

La única nación dispuesta y capaz de ayudar al Viet Minh contra los japoneses y los franceses de Vichy era Estados Unidos, que entrara en la guerra contra Japón a principios de diciembre de 1941 después del ataque japonés a Pearl Harbor.

La lucha del Viet Minh contra los japoneses adoptaría un par de formas diferentes. Sus principales bases estaban en China, y su principal zona de operaciones estaba en el norte, que era mayoritariamente rural. En las ciudades del sur y del norte, el Viet

Minh se limitaba a la agitación, el sabotaje, la propaganda y el espionaje/reconocimiento, ya que las fuerzas japonesas y francesas se concentraban en las ciudades y eran demasiado fuertes para atacarlas.

En las regiones más remotas del norte, pero también en otras zonas rurales del país, el Viet Minh fue más agresivo. Esencialmente, en muchas aldeas, establecieron un gobierno en la sombra, recaudaban impuestos, gestionaban un sistema judicial rudimentario, reclutaban nuevo personal (tanto hombres como mujeres) e intentaron difundir las ideas comunistas allí donde era posible. Era más fácil difundir estas ideas en el norte, ya que el catolicismo y otros movimientos religiosos eran más fuertes en el sur. El Viet Minh también tuvo diversos grados de éxito en la ayuda a los aldeanos que sufrían hambre y pérdidas debido a la ocupación.

A medida que avanzaba la guerra, los estadounidenses pudieron llevar cantidades cada vez mayores de armas y otros suministros militares al Viet Minh, que había establecido grandes bases en algunas de las zonas más inaccesibles del noroeste de Vietnam.

Para el año 1945, los japoneses estaban perdiendo claramente la guerra. Sin embargo, su fuerza en China, Vietnam y partes del este de Birmania todavía era inmensa. El problema era que a esta altura de la guerra las líneas de suministro japonesas, en el mar, en el aire y en tierra, eran prácticamente inexistentes.

En marzo de 1945, los japoneses arrebataron a los franceses de Vichy el control directo de Vietnam, y su gobierno estaba cada vez más desesperado y se hizo duro a medida que la guerra se ponía peor para ellos. Uno de los efectos secundarios de la toma de control directo por parte de los japoneses fue que Estados Unidos se vio privado de gran parte de su información sobre Vietnam, ya que había entrenado agentes dentro del gobierno francés. Ese mismo mes se produjo un interesante hecho. Un agente de la OSE (Oficina de Servicios Estratégicos) estadounidense con el inusual nombre de Arquímedes Patti fue a ver a Ho Chi Minh para recuperar a un piloto estadounidense que había sido derribado sobre Vietnam y rescatado por el Viet Minh. Se le ordenó a Patti que sacara al piloto de Vietnam y que permaneciera allí para ayudar al Viet Minh contra los japoneses, analizando sus necesidades y evaluando el movimiento.

Mientras estaba allí, Ho Chi Minh preguntó a Patti si podía organizar una reunión entre Ho y el famoso general estadounidense Claire Chennault, que era el comandante de las fuerzas aéreas de EE. UU. en el teatro de operaciones de China y el fundador de los famosos "Tigres Voladores". Patti aceptó siempre que Ho no pidiera suministros ni apoyo activo. Ho aceptó esta condición, ya que tenía otra misión en mente: quería una foto suya con Chennault.

El encuentro tuvo lugar en el sur de China, y Ho consiguió su foto con el que quizá fuera el estadounidense más famoso de Asia. Cuando Ho regresó a Vietnam, utilizó esta foto para mostrar no solo a sus camaradas, sino también a los líderes de otros movimientos, que él, Ho Chi Minh, contaba con el respaldo de los Estados Unidos de América. Como no había nadie más en la reunión, y tenía una fotografía con un famoso general estadounidense, la posición de Ho se hizo aún más fuerte.

En agosto de 1945, Japón se rindió a los Aliados. Nadie sabía exactamente qué significaba esto para Vietnam. Sin embargo, los vietnamitas, bajo el mando de Ho y otros líderes independentistas, lo sabían: significaba que Vietnam sería gobernado por los vietnamitas. Los franceses tenían otras ideas. El líder de la resistencia de la Francia Libre y primer líder de Francia después de la Segunda Guerra Mundial, Charles de Gaulle, había emitido una declaración antes de la rendición japonesa en la que afirmaba que Francia esperaba regresar a Vietnam, aunque su declaración enumeraba algunas "concesiones" a los vietnamitas en la cual les permitían algunos derechos y privilegios más de los que tenían antes de la guerra. Aun así, los franceses supervisarían el gobierno con un gobernador general a la cabeza.

Obviamente, Ho Chi Minh y muchos otros vietnamitas se opusieron, y en agosto de 1945, cuando los japoneses se rindieron, se produjeron una serie de extraños acontecimientos. Después de rendirse, los japoneses entregaron al Viet Minh un número considerable de armas francesas que habían incautado cuando tomaron el poder en marzo, quizá porque el Viet Minh, que ahora estaba cada vez más dominado por los comunistas, era la fuerza más fuerte. Los japoneses también entregaron muchos de los edificios públicos de Hanoi al Viet Minh en lugar de a los franceses que quedaban. Además, los japoneses les dieron un bocado a los franceses al entregarle a un gran número de nacionalistas vietnamitas no comunistas, dejando al Viet Minh sin lugar a dudas, como el grupo más poderoso.

El 24 de agosto, los vietnamitas tomaron el control de Hanoi. Ho Chi Minh, que había tomado abiertamente su nombre en 1944, leyó lo que llamó la Declaración de Independencia de Vietnam. Comenzó con las famosas palabras: "Todos los hombres son creados iguales", y luego citaba la Declaración Francesa de los Derechos del Hombre y del Ciudadano. Ho jugaba astutamente no solo con los vietnamitas, sino también con los estadounidenses y franceses que pudieran simpatizar con su causa. Y después de la Segunda Guerra Mundial, había un número considerable de ellos, al menos en la izquierda política.

Mientras Ho estaba dando su declaración, su compatriota Vo Nguyen Giap emitió una orden de abolición de todos los partidos políticos excepto los comunistas. En el norte, los comunistas eran los más fuertes, pero en el sur, un movimiento nacionalista llamado VNQDD (por *Viet Nam Quoc Dan Dang*, o "Partido Nacionalista Vietnamita") era más poderoso. Estaban aliados con el movimiento Hoa Hao, que tenía millones de seguidores, especialmente en el sur. Sin embargo, cuando esta orden llegó desde Hanoi, los líderes del VNQDD, sabiendo que probablemente tendrían que enfrentarse a los franceses que regresaban, no estaban dispuestos a luchar contra sus propios compatriotas y se retiraron.

Desde finales de agosto hasta mediados de septiembre, el Viet Minh intentó extender su control no solo al norte de Vietnam, sino también al sur. En ese momento, Ho afirmaría que había unos 500.000 miembros del Viet Minh, la mayoría de ellos armados. El número real probablemente era más cercano a los 100.000, la cual seguía siendo una fuerza considerable.

Ho sabía que dominar el país era una carrera contrarreloj. Si él (refiriéndose al Viet Minh) podía establecer alguna apariencia de gobierno centralizado en el sur de Vietnam, sería mucho más difícil que los franceses regresaran, y De Gaulle no había dejado ninguna duda de que lo harían. El prestigio francés, que había sido destruido durante la guerra, lo "exigía", al menos a ojos de los franceses. Las fuerzas armadas francesas eran más numerosas en el sur, ya que los antiguos colaboradores de Vichy se volvieron leales cuando terminó la guerra.

En el norte, Chiang Kai-shek, líder de la China nacionalista, estaba decidido a aceptar la rendición del 38º Ejército japonés en Vietnam. Chiang también estaba interesado en recuperar cierta influencia china en Vietnam y no le interesaba que los franceses regresaran al norte. La considerable fuerza china que recibió la rendición japonesa se negó a hacer los preparativos para el regreso de los franceses, lo que era básicamente una forma no declarada de decir a Francia: "Puede ser que ahora también tengas que luchar contra nosotros". Con el ejército chino prácticamente garantizando la independencia del Viet Minh en el norte, al menos por el momento, Ho se dedicó a consolidar el control del Viet Minh en el norte de Vietnam, que se había proclamado como República Democrática de Vietnam. Cuando lo hizo, Ho se dio cuenta de que tenía tanto una posición tanto de poder como de debilidad. Era fuerte en el norte, pero débil en el sur, donde estaba a punto de debilitarse aún más, ya que las tropas francesas, junto con un número considerable de sus aliados británicos, pronto se trasladaron a Saigón y comenzaron a extenderse.

En marzo de 1946, Ho y los franceses llegaron a un acuerdo. Los franceses establecerían lo que llamaron la Unión Indochina (es decir, Vietnam, Camboya y Laos). Dentro de esta unión, el gobierno de Ho existiría como un "estado libre", que es un término algo nebuloso. Los franceses también aceptaron otras dos disposiciones, que no tenían intención de cumplir desde el principio. Limitarían las fuerzas francesas en el norte a 15.000 hombres y, al cabo de un tiempo, se celebraría una votación sobre la cuestión de la unificación de Vietnam.

El problema era el estatus del sur de Vietnam. Durante tres meses, Ho y los franceses se reunieron en Vietnam y en Francia para negociar el estatus del sur. En muy poco tiempo, quedó claro que ninguna de las partes iba a ceder en su posición. A lo largo de la "frontera" entre el sur y el norte de Vietnam se produjeron incidentes entre las fuerzas francesas y del Viet Minh, que, en diciembre de 1946, se convertiría en una guerra a gran escala.

Ilustración 24: Indochina durante la Primera Guerra de Indochina con sus áreas de control e influencia. Dien Bien Phu está cerca de la "T" de Tonking

En respuesta a la virtual toma del norte del país por parte de los comunistas, los franceses volvieron a colocar en el trono al antiguo emperador, Bao Dai. Anteriormente había gobernado como testaferro bajo los franceses y los japoneses antes de abdicar cuando parecía que los comunistas podrían tomar todo el país. Bao Dai era el gobernante nominal de lo que los franceses llamaban el Estado de Vietnam, que incluía tanto el norte como el sur.

El dominio francés en el norte del país se limitaba esencialmente a Hanoi y a los pueblos y ciudades del delta del río Rojo. Aparte de algunas grandes bases, como la de Dien Bien Phu, en el oeste del norte de Vietnam (véase el mapa anterior), el campo era dominio del Viet Minh.

De 1946 a 1949, la guerra entre el Viet Minh, cuya rama militar estaba comandada por Vo Nguyen Giap, y los franceses fue un conflicto de guerrillas de bajo nivel, con incursiones del Viet Minh en comisarías francesas y otros edificios gubernamentales. Esto se hizo no solo para conseguir armas y cualquier posible información de inteligencia, sino también para demostrar tanto a los franceses como al pueblo vietnamita que el poder colonial francés no era invencible.

Ambos bandos cometieron atrocidades y la tortura fue generalizada. Curiosamente, los franceses utilizaron un número importante de antiguos hombres de las Waffen-SS alemanas, que habían caído en sus manos al final de la Segunda Guerra Mundial. A estos hombres se les dio a elegir entre luchar en la Legión Extranjera francesa o permanecer en prisión durante un periodo de tiempo considerablemente largo. No hace falta decir que muchos hombres optaron por trabajar para los franceses. Las unidades de otras posesiones coloniales francesas, incluidos las virulentas fuerzas anticomunistas y anti-vietnamitas de otros territorios indochinos franceses, echaron más leña al fuego.

El Viet Minh tampoco era lo que se dice muy popular, especialmente en el sur, donde la guerra siguió siendo un conflicto de guerrillas hasta su final. El Viet Minh hizo un uso excesivo de la fuerza en su toma de aldeas y provincias, y mató a cualquiera que se resistiera o pudiera hacerlo. En 1948, el Viet Minh emprendería una matanza en todo el país, literalmente asesinando a miles de opositores políticos, líderes de aldeas y vietnamitas que trabajaban para los franceses. El año 1948, permanecería en la memoria de muchos vietnamitas del sur durante los año 50 y 60 y principios de los 70, antes de su derrota. Muchos vietnamitas en esas décadas estaban seguros de que se repetiría lo de 1948 si los norvietnamitas ganaban la guerra, y así fue.

Alrededor de 1949, otras potencias extranjeras se involucraron en la guerra. Ese año es significativo porque fue el año en que Mao Zedong y el Partido Comunista Chino llegaron al poder en China. Cuando lo tuvieron, una de las primeras cosas que empezaron a hacer fue enviar armas, suministros y asesores a su viejo amigo, Ho Chi Minh.

Cuando los chinos empezaron a inmiscuirse en Vietnam, junto con asesores y la aprobación soviéticos, Estados Unidos se sintió obligado a ayudar a los franceses. A medida que ambos bandos aportaban más y más armas, el conflicto de Vietnam se volvería más convencional.

El Partido Comunista Francés era una poderosa fuerza política en la Francia posterior a la Segunda Guerra Mundial. Incluso entre la izquierda no comunista, había poco apoyo a la guerra. Aparte de los clásicos argumentos comunistas sobre los "derechos de la clase obrera y los campesinos", muchos franceses no veían la lógica de dominar a un pueblo que no los quería en su país. Después de todo, ¿no habían pasado los propios franceses por la misma experiencia de 1940 a 1945?

Por supuesto, hubo muchos franceses moderados y conservadores que apoyaron la guerra. Muchos de ellos simplemente creían que se trataba de recuperar el "honor" de Francia. Otros vieron las posibilidades económicas de los recursos vietnamitas, ya que ayudarían a Francia a recuperarse de la Segunda Guerra Mundial. Otros creían que los vietnamitas no estaban preparados para el autogobierno, al menos para una democracia de estilo occidental, y que los franceses debían permanecer durante un periodo de tiempo no especificado para preparar el camino hacia el autogobierno vietnamita.

Algunos de los hombres que se opusieron a la guerra francesa en Indochina y a la posterior participación estadounidense no eran izquierdistas en per se. Algunos, como Jean Sainteny, habían sido en algún momento funcionarios franceses en Vietnam. Otros, como Paul Muse y Jean Lacouture, habían trabajado para el gobierno o el ejército.

Estos hombres y sus escritos fueron muy influyentes en la creación del movimiento antibélico en Francia y posteriormente en Estados Unidos. En la sección de referencias al final de este libro, verá una serie de conferencias del profesor Stephen Young, que trabajó en Vietnam con la CIA y el gobierno estadounidense/vietnamita del sur a finales de los 60 y principios de los 70. La tesis del profesor Young es que estos hombres, que realmente no habían viajado por Vietnam fuera de Hanoi, Saigón y Hue y que habían tenido muy poca interacción con el propio pueblo vietnamita, proporcionaban ideas falsas sobre el conflicto de Vietnam.

Los argumentos de Young tienen cierto mérito. Según el profesor Young, esencialmente, Muse, Sainteny y Lacouture argumentaban que Ho Chi Minh y el Viet Minh eran más nacionalistas que comunistas vietnamitas. También sostenían que el Viet Minh y, posteriormente, el Vietcong eran la encarnación de los sentimientos nacionalistas vietnamitas y de los resentimientos de larga data hacia los franceses, los japoneses y otros extranjeros. En lo que se equivocaron, dice el profesor Young, es en que el Viet Minh y Ho en efecto eran comunistas de primer orden y se podía esperar que si ganaban impusieran una idea extranjera radical en el país. Young también sostiene que la inmensa mayoría del pueblo vietnamita era anticomunista, pero carecía de una ideología coherente o de un liderazgo carismático que aglutinara esos sentimientos de forma efectiva. Este último argumento es válido, especialmente cuando se aplica al sur.

Más tarde, en la década de 1960, cuando Estados Unidos se involucraría cada vez más en Vietnam, estos tres franceses hicieron giras por Estados Unidos, hablando en universidades y frente a comités gubernamentales. Su palabra fue tomada como un evangelio a pesar de que nunca habían pasado realmente tiempo en el campo vietnamita o entre su gente. Uno de los principales principios del movimiento antibélico estadounidense era que Ho Chi Minh y sus seguidores eran nacionalistas y podían ser tratados como tales, pasando por alto las décadas de educación y trabajo de Ho para la URSS y los comunistas chinos.

En 1954, la Primera Guerra de Indochina llegó a su punto álgido en Dien Bien Phu. Los franceses habían construido una gran posición fortificada desde la que podían aventurarse en las tierras altas del oeste de Vietnam para luchar contra el Viet Minh, que allí mantenía una fuerte posición.

Ilustración 25: Ubicación de Dien Bien Phu en relación con Hanoi, Laos y China

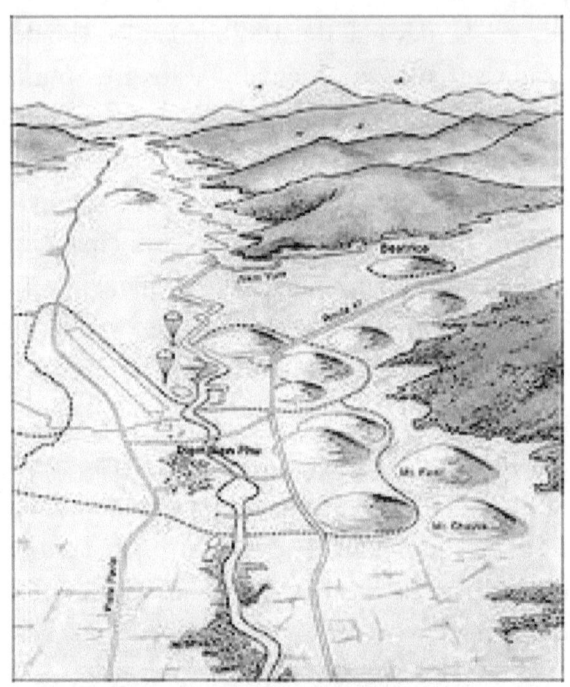

Ilustración 26: Geografía de Dien Bien Phu y sus puntos fuertes

Como puede ver en la ilustración anterior, Dien Bien Phu en realidad era una serie de puntos fuertes separados, algunos con campos de fuego superpuestos para las ametralladoras y otros muy alejados. La estrategia del Viet Minh, ideada por Vo Nguyen Giap, consistía en rodear la posición francesa y cortar los puntos fuertes uno por uno, empezando por los más débiles y vulnerables.

Como puede ver, la posición francesa estaba rodeada de colinas, algunas de ellas muy empinadas y aparentemente inaccesibles. En combinación con la potencia aérea y la artillería, los franceses creían que la propia geografía impediría a los vietnamitas utilizar las colinas como posición de combate. Además, los campos que rodeaban la base carecían de vegetación protectora.

Sin embargo, a pesar de las creencias francesas, teñidas de más que un poco de racismo, los vietnamitas utilizaron esas colinas. Y no solo llevaron decenas de miles de hombres a las colinas, sino que también llevaron artillería y cañones antiaéreos que les habían suministrado los chinos. Esta artillería se transportaba en su mayor parte a mano, con grupos de hombres que transportaban el equipo. Los vietnamitas también excavaron posiciones fortificadas en las colinas, muchas de ellas en la parte más alejada, fuera del alcance y la vista de los franceses. La artillería dispararía por encima de las colinas antes de ser empujada a la ladera de la montaña sobre rieles. Cuando inevitablemente llegara la aviación francesa, los cañones estaban fuera de la vista.

La artillería vietnamita no solo golpeó las posiciones de la infantería y la artillería francesas, sino que también destruyó repetidamente los aeródromos utilizados por los franceses para traer suministros. Finalmente, el número de aviones que traían suministros, que incluían tractores para arreglar los aeródromos, disminuyó hasta el punto de que los campos no pudieron repararse eficazmente, y los suministros comenzaron a disminuir.

Después de un tiempo en el que la artillería y el fuego antiaéreo aplastaron la moral, el Viet Minh comenzó a asaltar los puntos fuertes franceses. No cayeron fácilmente. Las fuerzas francesas contaban con paracaidistas altamente entrenados y motivados, la Legión Extranjera Francesa y muchas tropas coloniales, muchas de las cuales, al igual que sus camaradas, habían tenido años de experiencia en combate en la Segunda Guerra Mundial. Las bajas del Viet Minh fueron muy superiores a las de los franceses. Los atacantes casi siempre sufren más que los defensores, pero los vietnamitas podían permitírselo, mientras que los franceses no. Finalmente, los refuerzos franceses dejaron de llegar, y estos refuerzos estaban limitados en número debido a problemas de transporte. Las fuerzas francesas empezaron a pasar hambre y sed. Los equipos médicos comenzaron a escasear y, cada pocos días, el Viet Minh dibujaba el cerco más estrecho alrededor de ellos.

Los franceses probablemente resistieron tanto tiempo porque sabían que ser prisionero del Viet Minh iba a ser brutal, aunque se dieron cuenta de que era igual de probable que los mataran en el acto. Sin embargo, cada hombre tiene su límite. Los franceses de Dien Bien Phu se rindieron el 7 de mayo de 1954, después de seis semanas de batalla. Al igual que los alemanes en Stalingrado en 1942/43, los franceses más realistas sabían que la guerra en Vietnam había terminado.

Ilustración 27: Dos hombres que acabaron con un imperio: Vo Nguyen Giap (i) y Ho Chi Minh (d) en 1945

Mientras se desarrollaba la batalla de Dien Bien Phu, el gobierno francés de Pierre Mendes France negociaba con el Viet Minh. Desde el principio, Mendes France estuvo en contra de la guerra y no veía otra cosa que una mayor pérdida de vidas y dinero en un momento en que Francia aún se estaba recuperando de la ocupación nazi y de la Segunda Guerra Mundial. Había planeado una retirada gradual de Francia de Vietnam, con elecciones e hitos que debían cumplirse antes de la retirada total de las tropas, pero la derrota francesa en

Dien Bien Phu y las posteriores derrotas francesas de menor envergadura echaron por tierra todo eso.

La Conferencia de Ginebra, que finalizara en julio de 1954, fue una complicada serie de conversaciones que crearon la división formal de Vietnam en el paralelo 17. Se crearía una zona de amortiguación desmilitarizada ("DMZ", por sus siglas en inglés, Demilitarized Zone) entre los dos estados, y aunque los norvietnamitas se opusieron firmemente a la división del país, una propuesta de los vietnamitas que establecía que las futuras elecciones decidirían el futuro del país hizo que la división fuera un hecho.

El emperador vietnamita, Bao Dai, que en realidad estaba llevando una vida lujosa en Francia, nombró a Ngo Dinh Diem (antiguo compañero de escuela de Ho y decidido enemigo católico) como primer ministro de Vietnam del Sur. Un año después, con la aprobación de los estadounidenses, Diem destituyó a Bao Dai y se nombró a sí mismo presidente de la República de Vietnam, que fue el nombre formal de Vietnam del Sur.

Aunque los estadounidenses más tarde se involucrarían en Vietnam, habían rechazado las peticiones francesas de enviar ayuda y potencia aérea para ayudarles en Dien Bien Phu. Sin embargo, la Segunda Guerra Mundial había ocurrido solo nueve años antes, y la guerra de Corea acababa de terminar en 1953. Ningún estadounidense quería entrar en una guerra en un país que ni siquiera podía identificar en el mapa.

Capítulo 13 - La Guerra de Vietnam

La participación estadounidense en Vietnam se aceleró después de la salida de los franceses. La retirada francesa fue rápida, pero se quedaron suficientes tropas francesas en el sur para evitar que el Viet Minh tomara el poder tras las conversaciones de paz. Las fuerzas de Ho Chi Minh necesitaban consolidar su dominio sobre la nueva República Democrática de Vietnam ("RDV", también conocida como Vietnam del Norte), y había que crear una infraestructura militar en el Sur, lo que sucedería con bastante rapidez.

Cuando terminaron las conversaciones de paz en Ginebra, nadie en ninguno de los dos bandos se hacía ilusiones de que se cumplirían los términos del acuerdo. Los franceses necesitaban que los norvietnamitas declararan categóricamente que aceptaban la división del país y que no interferirían en el Sur, mientras que los norvietnamitas necesitaban que los franceses dijeran que en un futuro no muy lejano se llevarían a cabo elecciones para unificar el país. Así, ambos bandos "salvaron el honor" y pudieron señalar al otro como la razón de un conflicto prolongado.

Sin embargo, Francia no estaba en condiciones de continuar en Vietnam. Su colonia en Argelia estaba experimentando una rebelión que acabaría convirtiéndose en una salvaje guerra de guerrillas, y la propia Francia estaba cada vez más dividida entre la izquierda y la derecha. Con el entendimiento tácito de que la primera superpotencia del mundo, Estados Unidos, "supervisaría" los acontecimientos en el sudeste asiático, los franceses se marcharon. Sus otras colonias, Laos y Camboya, sufrirían el mismo dolor que Vietnam durante los siguientes veinte años, y Camboya experimentaría uno de los verdaderos horrores del siglo XX, el genocidio de los Jemeres Rojos a mediados de la década de 1970.

En este libro, la guerra de Vietnam no tiene un capítulo extenso dedicado a ella, ya que el tema se ha tratado a fondo en otro libro de Historia Fascinante, lo que nos permite centrarnos en otros aspectos de la historia de Vietnam con los que la gente no está tan familiarizada. Si está interesado en saber más sobre la guerra, puede encontrar el libro aquí: https://www.amazon.com/Vietnam-War-Captivating-Second-Indochina-ebook/dp/B0782VG27. También hay algunas excelentes fuentes para consultar al final del libro.

Sin embargo, ningún libro sobre la historia de Vietnam estaría completo sin una mirada a esta guerra. Por nuestra parte, he aquí un brevísimo resumen del conflicto.

A finales de la década de 1950, los norvietnamitas organizaron una fuerza conocida como el Frente de Liberación Nacional de Vietnam del Sur, más conocido en la historia como el Vietcong (el término es una contracción de ("Vietnam Comunista"). A lo largo de los últimos años de la década de 1950, las fuerzas de Ngo Dinh Diem y el Vietcong libraron una guerra salvaje, pero de nivel relativamente bajo por el control de Vietnam del Sur.

Diem era un enemigo formidable. Había aplastado a las bandas criminales que controlaban gran parte de Saigón y había sometido a algunos de los miembros más militantes de la secta Hoa Hao que intentaban establecer un gobierno basado en sus ideales. Lo único que impedía a Diem convertirse en el único poder de Vietnam del Sur era el Vietcong. En una intensa ofensiva en 1956, las fuerzas de Diem empujaron al Vietcong de Vietnam del Sur hacia aldeas y bosques remotos cerca de la frontera con Camboya. A todos los efectos, Vietnam del Sur era de Diem, excepto por el hecho de que dependía de la ayuda económica y militar de Estados Unidos.

En ocasiones, Diem se sentiría molesto por los "consejos" de Estados Unidos, cuyos intereses estaban representados en el país principalmente por la CIA y un pequeño contingente de asesores militares, en su mayoría miembros de la nueva fuerza de élite del ejército estadounidense, Los Boinas Verdes.

En 1959, los norvietnamitas empezaron a recuperar lentamente su fuerza en Vietnam del Sur. Crearon la "Ruta Ho Chi Minh" de 1.000 millas (1600 kilómetros) de longitud en las selvas y tierras altas del oeste de Vietnam, Laos y Camboya. También crearon un asombroso sistema logístico que funcionó a trompicones hasta el final de la guerra, a pesar de los intensos esfuerzos de Estados Unidos, que incluyeron campañas de bombardeos masivos.

En julio de 1959, dos asesores militares estadounidenses murieron en una base militar vietnamita cuando fue atacada por el Vietcong. Unos meses después, una fuerza considerable del Vietcong atacó y derrotó a dos compañías survietnamitas. A lo largo de 1960, el Vietcong lanzó una serie de ofensivas, la mayoría de ellas en zonas remotas del país, y estableció lo que llamaron "zonas liberadas", donde establecieron gobiernos en la sombra que básicamente dirigían los asuntos del pueblo. Gran parte de esto se hizo mediante el terror y las amenazas.

A lo largo de los primeros años de la década de 1960, el Vietcong fue ganando fuerza lentamente en el Sur. Contaban con el apoyo de los Comunistas Chinos, que pretendían suplantar a la Unión Soviética, con la que habían tenido una fuerte ruptura, como principal fuerza del "antiimperialismo" en Asia.

Se calcula que entre 40.000 y 50.000 soldados norvietnamitas llegaron a dirigir los esfuerzos del Vietcong en el Sur. En 1962, había crecido hasta alcanzar unos 300.000 hombres y mujeres.

Con el crecimiento del Vietcong aumentó la participación estadounidense. En 1962/63, el número de unidades de Boinas Verdes y Fuerzas Especiales en el país había aumentado hasta un par de miles. Aunque se limitaban a asesorar (al menos públicamente), los asesores estadounidenses participaron en el combate contra el Vietcong en todo el Sur, sirviendo junto a sus camaradas del Ejército de la República de Vietnam, más conocido como "ARVN" por siglas en inglés de Army of the Republic of Vietnam.

En 1963, unas tres semanas antes del asesinato del presidente estadounidense John F. Kennedy, moría el presidente Diem. Diem se había vuelto cada vez más autocrático y había emprendido una campaña de represión contra la mayoría budista de Vietnam del Sur. También había nombrado a miembros de su familia para ocupar altos cargos en el gobierno, especialmente a su hermano, Ngo Dinh Nhu, que se convirtió en el jefe de la inteligencia y de la policía secreta survietnamita. Además del nepotismo y la creciente tendencia a la dictadura, Diem permitió que creciera en el país una cultura de corrupción y soborno. Para 1963, esta alimentaba la propaganda norvietnamita y hacía que muchos survietnamitas empezaran a considerar al Vietcong como una alternativa, si es que no se unían a ellos directamente.

Los líderes del ejército survietnamita estaban decididos a destituir a Diem, y contaban con el visto bueno de Estados Unidos, cuyos consejos eran cada vez más ignorados por Diem. En una serie de acontecimientos fallidos, que incluyeron una serie de misteriosas llamadas telefónicas en las que participaron funcionarios del Departamento de Estado estadounidense, Diem y su hermano fueron asesinados en la parte trasera de una furgoneta en Saigón y fueron reemplazados por un régimen militar. Muchos señalan el asesinato de Diem como el acontecimiento en el que Estados Unidos había pasado el punto de no retorno en Vietnam, pero otro acontecimiento en 1964 hizo casi inevitable una mayor participación de Estados Unidos.

Se trató del famoso incidente del Golfo de Tonkín, en el que buques de la Marina estadounidense, que estaban en una misión de inteligencia frente a la costa de Vietnam del Norte, fueron atacados al menos una vez por buques norvietnamitas. Se produjo un segundo ataque, pero puede haber sido un caso de "fuego amigo".

Cuando los norvietnamitas dispararon contra la marina estadounidense, la respuesta estaba garantizada. Algunos dicen que Ho Chi Minh estaba en contra de instigar a una mayor participación estadounidense en el país. En cambio, señalan a Le Duan, que se había convertido en una figura destacada del Partido Comunista de Vietnam, diciendo que lo había alentado, sabiendo que sin derrotar a Estados Unidos de una u otra manera, Vietnam nunca podría estar unido bajo los comunistas.

A partir de 1965, Estados Unidos comenzó a aumentar masivamente las tropas y la potencia de fuego en Vietnam y en las regiones circundantes. A medida que el esfuerzo estadounidense aumentaba, los sentimientos antibélicos en Estados Unidos comenzaron a crecer, aunque lentamente. Estos sentimientos se vieron alimentados por una serie de nociones: los escritos de los franceses Muse, Sainteny y Lacouture; los crecientes sentimientos "antisistema" de la época, que surgieron del movimiento por los derechos civiles y otros cambios culturales; y la idea de que los estadounidenses no deberían luchar y morir por un país del que no habían oído hablar.

Sin embargo, hoy, la gente suele olvidar que una considerable mayoría de estadounidenses apoyaría el esfuerzo bélico, al menos hasta 1968. Consideraban que Estados Unidos no podía ni debía "perder" otra nación a manos del comunismo, que los survietnamitas no querían ser comunistas (cosa que la mayoría de ellos no quería) y que estaban en juego el prestigio y el poder de Estados Unidos en el mundo, frente a la Unión Soviética y a la China comunista.

De 1965 a 1967, el Vietcong y las fuerzas de Estados Unidos, junto con importantes contingentes de aliados de Estados Unidos, como Corea del Sur, Australia y Nueva Zelanda, libraron una guerra cada vez más intensa. Con el tiempo, la guerra se ampliaría para incluir el bombardeo de Vietnam del Norte, que comenzaría en serio bajo la administración Nixon como una forma de obligar a los norvietnamitas a sentarse a la mesa de la paz; el uso generalizado del venenoso defoliante "Agente Naranja", con sus resultados cancerígenos; la transmisión de combates y bajas en vivo en las salas de estar estadounidenses en las noticias de la noche, también fue un factor que contribuyó a los sentimientos contra la guerra; y la denuncia de las atrocidades estadounidenses en el país, sobre todo en My Lai.

En 1968, los norvietnamitas y el Vietcong lanzaron una ofensiva nacional en el Sur durante la festividad vietnamita del Año Nuevo, el Tet. En todo Vietnam del Sur, las fuerzas del Vietcong lanzaron intensos ataques. La inmensa mayoría estaban dirigidos a las fuerzas survietnamitas, no a las estadounidenses. Sin embargo, los insurgentes del Vietcong consiguieron asaltar la embajada de Estados Unidos en Saigón, y el prolongado asedio para reconquistarla fue televisado en los Estados Unidos.

La mayoría de la gente piensa que la Ofensiva del Tet fue una victoria del Vietcong. No lo fue. Mucha gente cree que el ejército survietnamita luchó mal. A veces lo hizo, pero en 1968, cuando estaba bajo un buen liderazgo, lucharía bien. La Ofensiva del Tet y la contraofensiva estadounidense/survietnamita casi destruyeron al Vietcong, que se retiró a las zonas fronterizas para lamerse las heridas y reanudar una guerra de muy bajo nivel.

Sin embargo, una combinación de factores que surgieron de la Ofensiva del Tet llevó a la opinión pública y al gobierno estadounidenses a creer que Estados Unidos estaba perdiendo o perdería la guerra. En primer lugar, los oficiales militares estadounidenses llevaban tiempo diciendo que la victoria estaba "a la vuelta de la esquina". La Ofensiva del Tet pareció demostrar que estaban equivocados y que el Vietcong era más fuerte que nunca. En segundo lugar, la óptica del asedio a la embajada estadounidense fue desmoralizante. En tercer lugar, las imágenes de un oficial survietnamita ejecutando a un insurgente del Vietcong en la calle, hicieron dudar a los estadounidenses de la "bondad" de sus aliados. En cuarto lugar, después de la Ofensiva del Tet, el periodista más confiable del país, Walter Cronkite, fue a Vietnam e informó sobre lo que creyó haber visto. ¿Su conclusión? La guerra no se podía ganar. Cuando el presidente de los Estados Unidos, Lyndon Johnson, escuchó esto, se dice que dijo: "Si he perdido a Cronkite, he perdido a Estados Unidos". Johnson se negó a presentarse a otro mandato como presidente.

Cuando Richard Nixon fue elegido presidente en 1968, estaba decidido a encontrar una forma de sacar a Estados Unidos de Vietnam, pero sabía que el prestigio estadounidense sufriría un duro golpe si simplemente ordenaba la salida de las tropas estadounidenses. Además, su principal asesor en política exterior, Henry Kissinger, era amigo y lector de Jean Sainteny, el francés que creía que Ho era un nacionalista con el que se podía negociar. Ho murió en 1969, por lo que la pregunta quedó sin respuesta.

De 1969 a 1973, Nixon y Kissinger presionaron a los norvietnamitas para que negociaran la paz, siendo su principal condición la existencia de Vietnam del Sur. A veces, los norvietnamitas señalaban su voluntad solo su voluntad de negarse o poner obstáculos. En 1972, cuando las conversaciones llegaron a un punto muerto y los norvietnamitas se negaron a volver a la mesa, Nixon ordenó aumentar los bombardeos contra el Norte con un gran número de bombarderos B-52 y otros aviones estadounidenses. En el transcurso de solo tres años, se lanzaron más explosivos sobre Vietnam del Norte que sobre Alemania en la Segunda Guerra Mundial.

En 1973, los norvietnamitas volvieron a la mesa de negociaciones. Para entonces, Nixon se enfrentaba a un incipiente escándalo, Watergate, a una economía en desaceleración y a un público estadounidense que exigía el fin de la guerra. También hay que tener en cuenta que los niveles de tropas estadounidenses habían ido disminuyendo desde 1969. Por otro lado, los vietnamitas se enfrentaban a la casi desaparición del Norte y de su economía. Cada vez que amenazaban con abandonar la mesa de paz, Nixon amenazaba con volver a traer los B-52.

Al final, los norvietnamitas aceptaron la separación del Norte y del Sur y la retirada gradual de las tropas estadounidenses del país. Ambas partes sabían que solo era cuestión de tiempo antes que los norvietnamitas reanudaran su guerra de unificación, pero Nixon y los estadounidenses mantenían la esperanza de que los survietnamitas fueran capaces de defenderse.

Evidentemente, no pudieron. En la primavera de 1975, Vietnam del Norte lanzó lo que llamó su Ofensiva de Primavera. Fue llevada a cabo casi exclusivamente por tropas, tanques y aviones norvietnamitas. El 30 de abril de 1975, Vietnam del Sur dejaría de existir.

Conclusión

Cuando los norvietnamitas invadieron el Sur, cientos de miles de vietnamitas huyeron del país. Muchos de ellos lo hicieron en endebles embarcaciones, por lo que se les conoció como los "Gente del Bote". Los millones de vietnamitas que viven en Estados Unidos, Canadá, Australia, Francia y otros países son refugiados o descendientes de refugiados.

En 1978, los vietnamitas invadieron Camboya. En aquel momento, Camboya estaba controlada por los extremadamente radicales Jemeres Rojos, que, entre otras cosas (como la matanza de un millón de su propio pueblo), expulsaron o mataron a decenas de miles de de personas de etnia vietnamita de su país. En respuesta a estas atrocidades, los vietnamitas invadieron Camboya y derrocaron el régimen Jemer Rojo de Pol Pot.

Por desgracia para los vietnamitas, China era un estrecho aliado de Camboya. Las relaciones entre China y Vietnam se habían agriado desde el final de la guerra debido al deterioro de la influencia china y a las disputas fronterizas. La invasión vietnamita de Camboya dio a China la oportunidad de resolver estos desacuerdos.

De forma inteligente, los chinos notificaron tanto a Estados Unidos como a la Unión Soviética, a quienes los vietnamitas se habían acercado, que planeaban librar una guerra corta y muy limitada contra los vietnamitas. Así lo hicieron, ganando durante el proceso los territorios en disputa.

Por su parte, los vietnamitas podían afirmar que habían infligido más bajas a los chinos que a la inversa, lo cual era cierto. Sin embargo, también afirmaron que habían "disuadido" a los chinos de invadir todo el país, lo cual no era cierto.

Desde 1978, Vietnam ha estado en paz. A mediados de la década de 1980, el gobierno, siguiendo el modelo chino, comenzó a abrir gradualmente la economía del país a las ideas del libre mercado. Con algunas interrupciones, la economía vietnamita ha florecido. Hoy, Vietnam es un destino turístico de primer nivel para miles de estadounidenses, y las relaciones entre ambos países son amistosas, si no "estrechas". Después de todo, ambos tienen motivos para vigilar a China.

Esperamos que haya disfrutado de esta breve historia de Vietnam y del pueblo vietnamita. Es una historia en la que se repiten patrones, tragedias y, al mismo tiempo, una gran voluntad de avanzar y triunfar a pesar de las probabilidades aparentemente abrumadoras.

Vea más libros escritos por Captivating History

Bibliografía

Asia para Educadores, Universidad de Columbia. "Viviendo en el Cosmos Chino". Asia para Educadores | Universidad de Colombia. https://afe.easia.columbia.edu/cosmos/irc/classics.htm.

Duiker, William J. *Ho Chi Minh: Una Vida,* 2012 ed. Nueva York: Hachette Books, 1989.

"Feng Shui de Saigón". Cultura, Filosofía y Gestión Oriental. https://www.guiculture.com/fs16saigon.htm.

Grant, R. G. *1001 Batallas que Cambiaron el Curso de la Historia.* Libros de Chartwell, 2017.

Hays, Jeffrey. "RELIGIONES CAO DAI Y HOA HAO: LAS CREENCIAS, LA HISTORIA Y LAS ALAS MILITARES". Hechos y Detalles. Consultado el 30 de septiembre de 2020. https://factsanddetails.com/southeast-asia/Vietnam/sub5_9d/entry-3379.html.

Kiernan, Ben. *Vietnam: Una Historia desde Los Primeros Tiempos Hasta el Presente.* Nueva York: Oxford University Press, EE. UU., 2019.

Morgan, Ted. *Valle de la Muerte: la Tragedia de Dien Bien Phu que llevó a Estados Unidos a la Guerra de Vietnam.* Random House, 2010.

Nguyen, Viet T. *El Simpatizante: Una Novela (Premio Pulitzer de Ficción)*. Nueva York: Grove / Atlantic, 2015.

"Profesor Stephen Young Historia de Vietnam Parte 1 de 6". Youtube. 2014.
https://www.youtube.com/watch?v=T9yg9uv0SXU&ab_channel=TrungHo.

La Guerra de Vietnam. Dirigida por Ken Burns y Lynn Novick. 2017. PBS, 2017. Película

www.ingramcontent.com/pod-product-compliance
Lightning Source LLC
LaVergne TN
LVHW041638060526
838200LV00040B/1618